Blake K. Healy

Vollkommen gut

Blake K. Healy

Vollkommen gut

Gott mit den Augen
seiner Liebe sehen lernen

GloryWorld-Medien

3. Auflage 2023

Bibelzitate sind, falls nicht anders gekennzeichnet, für das Neue Testament der Neuen Genfer Übersetzung, 2009, entnommen, für das Alte Testament der Elberfelder Bibel, Revidierte Fassung von 1985. Weitere Bibelübersetzung:

LUT: Lutherbibel, Revidierte Fassung von 2017

Das Buch folgt den Regeln der Deutschen Rechtschreibreform. Die Bibelzitate wurden diesen Rechtschreibregeln angepasst.

Übersetzung/Satz: Manfred Mayer
Umschlaggestaltung: Charisma House / Jens Neuhaus (www.7dinge.de)

Printed in the EU

ISBN: 978-3-95578-368-6
Bestellnummer: 356368

Erhältlich beim Verlag:

GloryWorld-Medien
Beit-Sahour-Str. 4
D-46509 Xanten
Tel.: 02801-9854003
Fax: 02801-9854004
info@gloryworld.de
www.gloryworld.de

oder in jeder Buchhandlung

Inhalt

Vorwort

In den vergangenen Generationen hat der Herr seine Salbung auf einzelne Personen ausgegossen, um seinem Volk seine Güte und Kraft zu zeigen. Ganze Generationen wurden von Leuten wie Smith Wigglesworth, John G. Lake, Kathryn Kuhlman und unzähligen anderen beeinflusst. Aus der ganzen Welt kamen Menschen, um von ihrem Dienst zu profitieren und die Gegenwart und das Wirken Gottes selbst zu erfahren. Diese Glaubenshelden waren großartige Geschenke an die Gemeinde. Aber in der letzten Zeit hat sich etwas verändert. Nicht dass Gott seine Salbung von Einzelpersonen zurückhalten würde, aber er gießt seine Salbung jetzt auf Personen aus, die in der Lage sind, eine ganze Generation zuzurüsten. Gottes Wunsch ist es, dass sein ganzer Leib seine Kraft und Liebe offenbart und dass dadurch die Schönheit des Evangeliums die ganze Welt erreicht.

Blake Healy ist eine dieser Personen. Es geht ihm nicht nur um das, was Gott für ihn persönlich hat, sondern um das Erwachen des Leibes Christi, damit dieser sein volles Potential entfalten kann. In seinem Buch *Vollkommen gut* nimmt uns Blake auf seine Reise als Seher mit. Ich mochte sein erstes Buch, *Durch den Schleier sehen*, so sehr, dass ich es kaum absetzen konnte. Es war eines dieser Bücher, bei denen ich enttäuscht war, dass sie überhaupt endeten. Bei *Vollkommen gut* ist es das Gleiche. Blakes Begegnungen mit der geistlichen Welt sind sowohl bewegend als auch umwerfend, aber letztendlich werden sie dich hungrig nach mehr von Gott machen.

Dieses Buch enthält nicht, wie so viele, die Memoiren eines begabten Mannes, sondern es erzählt die Reise eines Lehrers. Mit echter Demut lässt Blake uns an seiner Lernkurve teilhaben und bringt die Realität der geistlichen Welt auf eine Weise zum Ausdruck, die andere einlädt, Gott noch tiefer zu begegnen. Die

Freundlichkeit und Großzügigkeit des Vaters stehen im Mittelpunkt dieser Reise. Wenn wir Blakes Visionen und Begegnungen mit dem Herrn lesen, die nicht übertrieben sind, haben wir einen Mann vor Augen, der nicht nur in seiner Fähigkeit zu sehen wächst, sondern auch darin, Gottes Herz für sein Volk zu verstehen.

Wir sind dazu berufen, natürlich übernatürlich zu sein. In Matthäus 5 gibt es einen interessanten Vers. Dort steht: „Liebt eure Feinde, und betet für die, die euch verfolgen. Damit erweist ihr euch als Söhne eures Vaters im Himmel" (V. 44-45). Das bedeutet nicht, dass du wiedergeboren wirst, sobald du für jemanden betest, der sich dir widersetzt, sondern dass du in das eintrittst, was du bist, wenn du tust, was für Menschen unnatürlich, für Gott aber natürlich ist. Und wenn du in das hineingehst, was du wirklich bist, wird ER offenbart. Nirgendwo ist dies deutlicher zu erkennen als in der Art und Weise, wie wir mit der unsichtbaren Welt interagieren.

Wir wurden sozusagen in eine Schlacht hineingeboren. Dabei konzentrieren wir uns allerdings nicht auf den Feind. Doch ohne ein Bewusstsein für den geistlichen Kampf um uns herum, würden wir uns darauf beschränken, „uns von unserer eigenen Natur bestimmen zu lassen" (vgl. 1 Kor 3,3). Sobald wir wiedergeboren sind, ist Gottes göttliche Natur in uns. Es ist dann nicht mehr akzeptabel, innerhalb der Begrenztheit der Menschheit zu leben. Gott erwartet mehr, rechnet mit mehr. Er tut das nicht als zorniger Vater, der schwer zufriedenzustellen ist, sondern ist sich sehr wohl dessen bewusst, was Jesus für uns erreicht hat. Leider sind *wir* uns dessen nicht immer bewusst ... noch nicht. Wenn du nicht weißt, ob du Geld auf der Bank hast, wirst du wahrscheinlich keine Schecks ausstellen. Das zu entdecken, was er auf unser Konto eingezahlt hat, erhöht unsere Fähigkeit, mit dem Risiko zu leben, dass er als derjenige erkannt werden könnte, der er ist. Wir sind berufen, ein Leben zu führen, das für Menschen unnatürlich, für Gott aber natürlich ist. Und weil wir wissen, wofür er bezahlt hat, können wir auch wissen, was durch ihn möglich ist.

Dieses Buch ist ein Geschenk an den Leib Christi. Ich kann mir nicht vorstellen, dass jemand es durchliest, ohne dass es in ihm einen neuen Hunger nach dem entfacht, was das „normale" christliche Leben sein sollte. Die gewonnenen Erkenntnisse wird man ein Leben lang nicht mehr verlieren. Blake hat seine Begegnungen mit dem Übernatürlichen nicht aufgeschrieben, um zu schockieren. Stattdessen will er den Vater auf eine Weise offenbaren, die uns zwingt, die Welt so zu lieben, wie er es tut. Es ist eine Welt, die danach schreit, Gottes wahres Wesen als Vater zu erleben.

Blake gelingt es, so zu schreiben, dass man merkt, dass es ihm nicht um seine Gabe oder seine Berufung geht. Er sagt: „Ich kann nicht im Geist sehen, weil ich ein begabter Mensch bin, sondern weil ich einen himmlischen Vater habe, der will, dass ich ihn kenne. Deshalb kann ich im Geist sehen; und deshalb könnt auch ihr im Geist sehen." Das wunderbare Fazit von *Vollkommen gut* ist, dass Blake Healy als prophetischer Prototyp einer kommenden Generation schreibt. Mögen wir es sein. Möge es jetzt sein.

Bill Johnson
Bethel Church, Redding, Kalifornien.

Einführung

An diesen Morgen wurde ich durch das Geräusch von *November*, meiner Tochter, geweckt, die in ihrem Bettchen herumzappelte. Meine Frau war die letzten paar Morgen mit ihr aufgestanden, und daraus folgerte ich, dass diesmal wahrscheinlich ich an der Reihe war. Ich sah aus dem Fenster. Es war noch dunkel, aber in diesem warmen Blau, wie es kurz vor Sonnenaufgang ist. Ich warf die Decken weg, stand auf, und tat mein Bestes, um auf dem kurzen Hindernislauf zu dem Bettchen, der mich durch auf dem Boden liegende Wäsche und Plastikspielzeug hindurchführte, nicht zu stolpern.

Ein Engel schwebte mit dem Gesicht nach unten etwa einen halben Meter über dem Bett meiner Tochter und blickte November dabei direkt ins Gesicht. Der Engel hatte langes goldblondes Haar und trug eine lila-blaue Robe mit handgenähten Silbersternen. Die Sterne bewegten sich an der Oberfläche des Stoffes entlang und fielen dann an den Rändern herab auf das Gesicht des lächelnden Säuglings, zusammen mit einem sanften Strom flüssigen Lichts.

Ich habe in der Vergangenheit Engel gesehen, die ähnliche Gewänder trugen, und meist hatte mir der Heilige Geist gesagt, die sternenbesetzten Gewänder stellten eine Übertragung von Weisheit dar. Bei dem Engel, der jetzt über meiner Tochter schwebte, hatte ich den gleichen Eindruck.

Als November bemerkte, dass ich über ihr stand, griff sie mit ihren rosigen Händen nach oben und unterbrach den Blickkontakt zu dem Engel. Ich hob sie hoch und ging dann mit ihr auf dem Arm nach unten, um Frühstück zu machen. Dabei sah ich einen Schutzengel neben der Haustür stehen. Er steht standhaft und konstant an der gleichen Stelle, seit wir in dieses Haus gezogen sind. Er hält einen großen Speer in der rechten Hand und trägt eine versilberte Rüstung. Seine Rüstung sieht aus wie etwas aus dem Mittelalter, aber weniger schwer und sperrig. Sein Gesichtsausdruck war so, als würde er auf etwas starren, das 100 km entfernt war. Er sah mich nicht an, als ich vorbeiging, aber das tut er nie. Schutzengel sind nichts als konzentriert.

Ich ging in die Küche, setzte November in ihren Hochstuhl und legte eine kleine Handvoll Frühstücksflocken auf ihr Tablett. Dann öffnete ich den Kühlschrank und überlegte, welche Optionen zu frühstücken ich hatte. Schließlich entschied ich mich für Eier und Toast. Ich summte ein Lobpreislied, als ich den Kühlschrank schloss, und war deshalb nicht überrascht, ein halbes Dutzend funkelnder Lichter zu sehen, die im Rhythmus meiner Stimme um mich herumstoben. Die Lichter erzeugten einfache Farbmuster in der Luft, als ich meinen meist stimmigen Song weitersummte. Ich kann ich nicht sagen, ob diese kleinen Lichtkugeln Engel, himmlische Heerscharen oder etwas anderes sind. Es sind Dinge, die von der Gegenwart Gottes angezogen werden, egal wie ausgeprägt oder subtil sie ist. Jede genauere Definition, die ich versucht habe, hat sich zumindest teilweise als falsch erwiesen.

Jedes der Lichter war ein etwas anderer Gelbton, und die durch sie erzeugten Muster hinterließen kurze Lichtstreifen, die ein paar Augenblicke in der Luft hingen, bevor sie verschwanden. Das Muster ihres kleinen Tanzes war konsistent, verlagerte sich aber in Form und Tempo, als ich von der Strophe zum Refrain und zurück zur Strophe summte. Ich war mir sicher, dass die Muster etwas bedeuteten, und ich glaube, dass dies für jedes Detail gilt, das ich im Geist sehe, aber die Erfahrung hat mich gelehrt, dass es mich schnell frustrieren kann, wenn ich versuche, jeden Knopf auf jedem Engelshemd oder den Zweck jeder Fluktuation der Flügel eines Engels zu deuten, es sei denn, meine Neugierde oder die Gegenwart des Heiligen Geistes führt mich anders. Hinter all dem steckt eine tiefe Bedeutung, aber nur der Heilige Geist kann sie uns erklären.

Ich fing an, die Eier zuzubereiten; Rührei war alles, wozu ich mich an diesem frühen Morgen aufraffen konnte. Wenn ich wirklich gut drauf bin, schaffe ich es, mittelmäßige Omeletts zu machen, aber November wollte nicht lange in ihrem Stuhl bleiben. Ich schaute zu ihr hinüber und sah, dass ihr persönlicher Engel mit ihren Haaren spielte und sie an der Nase kitzelte. November lachte über jeden verspielten Stupser und streckte die Hand aus, um nach den blonden Locken des Engels zu greifen. So rechnete ich damit, dass ich noch ein paar Minuten mehr hatte.

Während die Eier in der Pfanne brutzelten, lief ich durch das Haus und schnappte mir Dinge, die ich für den Rest des Tages brauchen würde. Ich bin ungefähr so gut darin, mich an alles zu erinnern, was ich für die tägliche Arbeit brauche, wie ich Omeletts herstelle. November fing an zu weinen, weil sie nicht wollte, dass ich immer wieder den Raum verließ, also hob ich sie auf und trug sie mit mir herum, während ich meine Sachen packte. Der Versuch, mein energisches Kind zusammen mit meiner Computertasche, meinem Notizbuch und meinem Kaffeebecher herumzutragen, wurde schnell zu mehr, als meine Arme und Hände bewältigen konnten, also setzte ich November im Wohnzimmer in der Nähe eines kleinen Korbes mit Spielzeug nieder, den sie prompt umkippte.

Dann fing ich an, im Kopf durchzugehen, welche Ereignisse an diesem Tag anstanden. Um neun Uhr musste ich Haydon, meinen ältesten Sohn, in der Schule absetzen, und danach direkt zu einem Meeting ins Büro. Mein zwei Monate alter Sohn Finnley hatte danach einen Arzttermin, und ich war mir sicher, dass ich geplant hatte, nach dem Mittagessen jemanden zu treffen. Dann roch ich plötzlich verbrannte Eier.

Ich bin mir nicht sicher, ob es der starke Geruch war oder ob ich zu lange gebraucht hatte, um ihr mehr zu essen zu geben, aber meine Tochter fing an, sich aufzuregen und zu jammern. Ich schnappte sie mir mit einem Arm und zuckte zusammen, als ich auf einen kleinen Haufen überraschend scharfer Spielsachen trat, ging aber weiter in die Küche, um zu sehen, wie schlimm der Schaden war.

Ich tat mein Bestes, um so viel wie möglich von den Rühreiern zu retten und gleichzeitig meine Tochter daran zu hindern, mir die heiße Pfanne aus den Händen zu reißen. Mein Rücken fing an, weh zu tun, weil ich November den ganzen Morgen herumgetragen hatte, und ich fing an, mich selbst zu bemitleiden, weil ich vergeblich versucht hatte, Frühstück für alle zu machen. Jetzt musste ich mir in der Hälfte der Zeit einen anderen Essensplan ausdenken.

Ich merkte, wie ich immer frustrierter wurde, als der Rest meiner To-Do-Liste mir ständig durch den Kopf ging. Dann war ich frustriert darüber, dass ich überhaupt frustriert wurde, schließlich sind verbrannte Eier und ein verspätetes Frühstück wohl kaum die schlimmsten Probleme der Welt. Welches Recht hatte ich, launisch zu sein? Genau dann sah ich einen Dämon um die Ecke kommen.

Da war kein großes Ding. Der Dämon war etwas unter einem Meter groß, mit gräulicher Haut und einem Hängebauch. Er hatte dunkle Augen und einen leeren Gesichtsausdruck, als er vorwärtsschlurfte. Seine Geschwindigkeit und seine Haltung glichen der eines Kleinkindes, das etwas Leckeres gerochen hat.

Ich hätte ihm befehlen können zu gehen. „Im Namen Jesu verschwinde. Ich verbanne dich aus meinem Haus", oder so ähnlich. Aber das hätte das Problem nicht wirklich gelöst.

Das Problem war in meinem Kopf. Das Problem war, dass ich meine Umstände, so trivial sie auch waren, meinen inneren Frieden bestimmen ließ.

Dann summte ich wieder, das gleiche Lobpreislied, das ich vorher gesummt hatte. Ich schüttelte meinen Kopf ein wenig, um ihn klar zu kriegen, lächelte meine Tochter an und ging zurück zum Kühlschrank, um mehr Eier zu holen. Der Dämon drehte sich um und schlich sich dann davon. Die Denkweise, die ihn angezogen hatte, war weg.

Ich summte das Lied umso lauter, stolz auf meinen kleinen Sieg. Novembers Engel drehte sich zu mir um und nickte zustimmend.

Sehen im Geist

Ich habe Engel, Dämonen und andere geistliche Dinge gesehen, solange ich mich erinnern kann. Ich sehe sie mit meinen Augen, so wie ich dich sähe, wenn du gerade vor mir stündest. In den ersten zwölf Jahren meines Lebens habe ich nicht verstanden, was ich sah, zum Teil, weil ich in einer Familie aufwuchs, welche die Gaben des Geistes nicht verstand, und zum Teil, weil das, was ich sah, mir mit meinem jungen Verstand nicht komisch vorkam. Engel in goldenen Mänteln und Dämonen mit scharfen Reißzähnen waren ebenso alltäglich wie Briefkästen, Telefonmasten und Verkaufsautomaten. Für mich waren sie nicht ungewöhnlicher als alles andere.

Als ich zwölf war, begann meine Familie, eine Kirche zu besuchen, die lehrte, was die Gaben des Geistes sind, wie man für Menschen um Heilung betet, wie man die Stimme Gottes hört und dem Heiligen Geist folgt. Es war das erste Mal, dass ich überhaupt einen Kontext für die Dinge hatte, die ich sah, und ich erkannte zum ersten Mal, dass die Dinge, die ich sah, vielleicht einen tieferen Sinn hatten.

In den folgenden zehn Jahren versuchte ich das, was ich sah, sinnvoll zu nutzen. Ich machte dabei viele Fehler. Ich lernte auch viel. In meinem ersten Buch, *Durch den Schleier sehen*, erzähle ich, wie ich gelernt habe, die Gaben zu nutzen, die Gott mir gegeben hat, und wie ich den Sinn hinter den Dingen erkannte, die ich sah. In diesem Buch geht es nun darum, wohin Gott mich von dort aus weitergeführt hat und wie auch du dorthin gelangen kannst. Es geht darum, warum ich im Geist sehen kann, und warum du es auch kannst. Und es geht darum, was wir durch das Sehen im Geist darüber lernen, wer Gott ist und was er gerne tun möchte.

Mein erstes Buch schrieb ich dreimal. Beim ersten Versuch versuchte ich, einen klaren Überblick über den Zweck, die Funktion und die Verfügbarkeit der Gabe des Sehens im Geist zu geben. Ich führte dazu viele Bibelstellen an, um meine Behauptungen zu untermauern, erklärte detailliert, warum die Engel so aussahen, wie sie es taten, und versuchte, systematisch zu erläutern, wie jedes Ding, das ich sah, funktionierte und mit den anderen Dingen, die ich sah, interagierte. Es war gründlich, akribisch und fast völlig wertlos. Es war trocken, schwer zu verstehen und vor allem völlig langweilig. Ironischerweise schuf ich in dem Versuch, so klar wie möglich zu sein, eine völlig ungenaue Sicht auf die Welt des Geistes. Ich warf alles weg und fing neu an.

Mein zweiter Versuch verlief nicht viel besser. Ich konnte einfach nicht herausfinden, wie ich klar sein konnte, wie ich jemanden über die Dinge, die ich sah, in einer strukturierten und geordneten Weise unterrichten sollte. Es kam nie richtig rüber.

Da sagte der Heilige Geist zu mir: „Du vertraust deinen Lesern nicht." „Was bedeutet das?", fragte ich.

„Du vertraust ihnen nicht, dass sie lernen."

Eine Reihe von Erinnerungen blitzten in meinem Kopf auf, als er das sagte: die ersten Monate, in denen ich versuchte, zu lernen, die Dinge, die ich sah, zu benutzen; die vielen Male, die ich, als ich jünger war, nicht einmal verstand, dass die Dinge, die ich sah, die Folge einer Gabe waren; die vielen Stunden der Fragen und Gespräche zwischen mir und dem Heiligen Geist, die mich Schritt für Schritt verstehen ließen, was ich sah. Und dann wurde mir klar ich, was er mir sagen wollte.

Im Geist zu sehen ist nicht wie eine Naturdokumentation. Man erhält keine detaillierten Erklärungen für jeden Engel, Dämon und jedes geistliche Ding, das man sieht. Man bekommt keine hilfreichen Hinweise, mit Hilfe derer man den Hintergrund und die Geschichte jeder geistlichen Situation, der man begegnet, erläutern könnte. Ja, meistens bekommt man überhaupt keine Erklärung. Du bekommst einfach etwas Neues, worüber du mit dem Heiligen Geist reden kannst.

Mit diesen Gedanken im Kopf wusste ich, welche Art von Buch ich schreiben sollte. Die dritte Version von *Durch den Schleier sehen* war deshalb nicht so geradeaus und sauber wie die vorherigen. Sie war stellenweise chaotisch, nichtlinear und gelegentlich schwer zu verstehen, aber es war auch das wahrhaftigste Buch, das ich je über das Sehen im Geist geschrieben hatte.

Ich teile dir diese Geschichte mit, weil dieses Buch auf die gleiche Weise geschrieben wurde. Es ist nicht so direkt, wie es sein könnte. Es gibt viel mehr Geschichten als Erklärungen und Kommentare. Es ist nicht voller Bibelstellen oder Rechtfertigungen für die enthaltenen Behauptungen. Es ist jedoch der beste Weg, den ich kenne, um dir das zu geben, was das Sehen im Geist mir gegeben hat, und es ist der beste Weg, den ich kenne, dich zu lehren, selbst im Geist zu sehen.

Manchmal fragen mich die Leute, ob es schwer ist, im Geist zu sehen. Sie fragen sich, ob es sehr gruselig ist, Dämonen zu sehen, oder ob es zu schmerzhaft ist, geistliche Wunden zu sehen. Die Wahrheit ist, dass ich zwar Mitgefühl habe, wenn ich dämonische Pein und tiefe geistliche Verletzungen sehe, aber es plagt mich nicht besonders. Ich kann Gottes Plan für jede dieser Situationen wahrnehmen, und er hat tatsächlich für jede einen perfekten Plan. Das Schwierigste und Schmerzhafteste am Sehen im Geist ist, zu erkennen, wie reichlich Gott seine Güte auf sein Volk ausgießt und wie viel von dieser Güte ungenutzt auf den Boden fällt, weil wir nicht wissen, dass sie da ist, oder sie ignorieren, weil wir nicht glauben, dass sie für uns bestimmt ist.

Ich glaube, dass jeder Christ im Geist sehen kann. Ich glaube, dass wir alle grundsätzlich dazu bestimmt sind, Gemeinschaft mit Gott zu haben und die Werke seiner Hände auf der ganzen Erde zu sehen, sowohl in der physischen als auch in der geistlichen Welt. Und zu lernen, im Geist zu sehen, ist meiner Meinung nach eine der besten Möglichkeiten, zu lernen, seine Güte zu sehen.

In diesem Buch hoffe ich, dir drei Schlüssel an die Hand zu geben, mit deren Hilfe du die Gabe des Sehens im Geist für dich selbst erschließen kannst: Streben, Offenbarung und Absicht.

1. Streben

Das gewissenhafte Streben nach den Gaben Gottes und ihre beständige Anwendung führt dazu, dass wir mit seinem Reden vertraut werden und gleichzeitig unseren Sinn darauf richten, Offenbarung zu empfangen. Wir streben nach Gaben, die wir noch nicht erlebt haben, indem wir

- sie im Wort Gottes studieren,
- danach trachten, dass sie durch andere, die in diesen Gaben schon Durchbrüche erfahren haben, (mittels Handauflegung, Lesen von Büchern und Anhören von Predigten) in uns freigesetzt werden,
- das Streben nach diesen Gaben zu einem Teil unseres Redens mit Gott machen und
- sie nach besten Kräften praktizieren.

Zwar verdienen wir keine geistlichen Gaben und können sie auch nicht verdienen, doch können wir in unserer Fähigkeit wachsen und reifen, sie in vollem Umfang zu nutzen.

So, wie ein Geigenspieler Hunderte von Stunden damit verbringt zu üben, um jede Nuance aus jeder Note herauszuholen, die er spielt, wachsen wir darin, die Gaben zu beherrschen, die Gott uns gegeben hat, indem wir sie einüben. So wie die Fähigkeit des Geigenspielers, der Geige schöne Musik zu entlocken, mit seiner Beherrschung dieses Instruments zusammenhängt, hängt unsere Fähigkeit, unsere von Gott gegebenen geistlichen Gaben effektiv zu nutzen, zumindest teilweise von unserer Beherrschung dieser Gaben ab.

Gott gibt seine Gaben gerne, aber wir entwickeln sie mit Fleiß und viel Übung.

2. Offenbarung

Zu sehen, was Gott tut, und zu hören, was er sagt, soll die Art und Weise, wie wir denken und handeln, verändern. Alles, was er tut und sagt, *offenbart* einen Teil seines Wesens – Offenbarung. Die Verwandlung, die vom Sehen seiner Werke und Hören seiner Stimme kommt, bereitet unser Herz und unseren Sinn darauf vor, alles zu empfangen, was er für uns hat. Ohne diese Vorbereitung können wir ihn und seine Werke nicht erkennen, selbst wenn sie direkt vor unseren Augen geschehen.

Wir können üben, seine Stimme zu hören und sein geschriebenes Wort zu studieren, so viel wir wollen, doch wenn wir es nicht zulassen, dass die Offenbarung, die wir dort finden, die Art und Weise, wie wir denken und handeln, verändert, werden wir nie die geistlichen Muskeln entwickeln, um das tun zu können, was er mit uns vorhat.

Absicht

Es mag extrem, ja überzogen klingen, zu sagen, dass die Gabe des Sehens im Geist für jeden Christen verfügbar ist.

Das liegt daran, dass viele von uns Gottes Absicht dem Menschen gegenüber missverstehen. Wenn wir lediglich gehorsame Diener sein sollen, dann sollten wir sinnvollerweise auch nur dafür ausgerüstet sein, die Aufgaben zu erledigen, die uns aufgetragen wurden – nicht mehr und nicht weniger. Wenn wir jedoch dazu bestimmt sind, Söhne und Töchter, Erben und Botschafter seines Königreichs zu sein, dann sollten wir uns folgerichtig auch mehr Wissen und Können aneignen dürfen als das, was unsere spezifische Aufgabe angeht – wir müssen dann verstehen, wie sein Königreich funktioniert.

Unser Glaube an Gottes Absicht für uns setzt den Standard, wie wir die Welt sehen und wie wir ihn sehen.

*****

In den folgenden Kapiteln werden wir näher auf diese Dinge eingehen, aber wenn du die Begegnungen und Geschichten in diesem Buch liest, solltest du nach dem Kern dieser Gedanken suchen. Es ist eine Sache, dass ich die Offenbarungen, die ich gefunden habe, weitergebe, und eine andere, dass du sie für dich selbst entdeckst.

Meine letzte Bitte, bevor wir zu etwas anderem übergehen, ist, dass du dieses Buch in der Gegenwart und mit Hilfe des Heiligen Geistes liest. Er ist ein viel besserer Lehrer, als ich es je sein könnte, und ihm näherzukommen, ist viel wertvoller als alles, was du in diesem Buch finden könntest. Er ist der Lehrer, der Fürsprecher, derjenige, der uns an alles erinnert, was Gott uns gelehrt hat. Nichts, was ich im Geist sehe, ist so bedeutungs-, kraft- oder wirkungsvoll wie das, was der Heilige Geist über die Dinge sagt, die ich sehe. Das Sehen im Geist oder irgendeine andere geistliche Gabe ist praktisch bedeutungslos, wenn man nicht mit ihm und seiner Stimme verbunden ist. Ohne eine Verbindung zu Gott ist jede Gabe höchstens ein Schatten dessen, was sie sein soll.

Halte also deine Ohren offen für seine Stimme, deine Augen offen für die Werke seiner Hand und dein Herz weich für seines. In diesem Sinne hoffe ich, dass du die gleiche Wahrheit entdeckst, die ich entdeckt habe – dass Gott nicht nur gut ist, sondern die Güte selbst. Er ist vollkommen gut.

Sehen-im-Geist-Übung, Tag 1

Ich ging in den hinteren Bereich der Kirche und fühlte mich zuversichtlicher und lebendiger als seit Jahren. Zum allerersten Mal in meinen zwölf Lebensjahren waren die tanzenden Lichter und Farbstreifen, die ich in der Kirche herumfliegen sah, eher eine Quelle der Neugierde als der Verwirrung. Meine Augen überflogen ganz natürlich den Raum und nahmen wahr, was im Geist geschah.

Ein großer Engel mit einem silber- und goldfarbenen Gewand stand hinter dem Hauptanbetungsleiter, als dieser die ersten Töne der abendlichen Anbetung auf seiner Gitarre spielte. Die Schwingung der Saiten sandte verschwommene Wellen von glitzerndem Nebel aus, der sich schnell von der Stelle, an der der Lobpreisleiter stand, ausbreitete und den ganzen Raum mit glitzerndem Licht füllte. Zwei weitere Engel, die karminrote Stoffbahnen hinter sich herzogen, sprangen durch die Luft über den Stühlen, wo der Rest der Versammlung saß. Das purpurrote Tuch hängte sich in gewissen Abständen an einigen unsichtbaren Haken oder Seilen im ganzen Raum auf und ließ es aussehen, als wäre es kunstvoll für eine Hochzeit, ein Jubiläum oder einen anderen besonderen Anlass aufgehängt worden. Ein halbes Dutzend weiterer Engel, die alle leuchtend bunte Kleider anhatten, hüpften in den Raum, als der Rest der Band sich dem Lobpreisleiter anschloss und die Gemeinde in die Anbetung führte.

Ich schaute mich nach einem Sitzplatz um, während ich weiterhin begeistert beobachtete, was passierte. Ich war insbesondere deshalb begeistert, weil ich endlich einen Bezugsrahmen dafür hatte, was das alles bedeuten könnte. Als ich mich auf einen Platz hinten im Raum setzte, musste ich mich unwillkürlich daran erinnern, dass ich noch wenige Wochen zuvor völlig verwirrt und verängstigt war. Aber jetzt war ich von den Dingen, die ich sah, begeistert und motiviert.

Ich hatte schon immer Dinge gesehen, die andere Menschen nicht sahen – selbst meine ersten Erinnerungen sind mit Visionen von Engeln und Dämonen verflochten –, aber es verursachte nie ein großes Problem, bis ich neun Jahre alt wurde und es anfing, dass mich die schrecklichsten Dinge, die ich je gesehen hatte, nächtelang besuchten. Drei Jahre lang sah ich jede Nacht jede Art von vorstellbarem und unvorstellbarem Schrecken in vollen, lebendigen 3-D-Farben. Obwohl diese Schrecken nie in mein Alltagsleben eingedrungen sind, waren sie immer dann da und warteten schon, wenn ich meinen Kopf auf mein Kissen legen wollte. Ich sah tagsüber Engel und Dämonen, aber aus irgendeinem Grund erschreckten mich die dämonischen Wesen, die ich tagsüber sah, überhaupt nicht, während die, die ich nachts sah, mich so verängstigten, dass ich kaum atmen konnte. Nachdem ich alles versucht hatte, was mir einfiel, um diese dunklen Visionen fortzuscheuchen oder zu übertönen, fand ich mich damit ab, dass ich entweder verrückt war oder der Teufel einfach beschlossen hatte, mein Leben zu ruinieren – und keines davon ließ viel Raum für Hoffnung.

Meine Erlösung kam plötzlich und unerwartet. Wir waren erst seit einigen Wochen in unserer neuen Gemeinde, als eines Sonntagmorgens jemand auf die Bühne trat, um zu verkünden, was er eine prophetische Schulung nannte. „Lerne, Gottes Stimme zu hören, und entdecke, wie er zu dir spricht", sagte er. „Jeder ist dazu bestimmt, seine Stimme zu hören; jeder kann lernen, es zu tun."

Es klang interessant, aber nicht interessant genug für mich, um zweimal pro Woche in die Kirche gehen zu wollen. Meine Mutter war dagegen so interessiert, dass sie dafür sorgte, dass die ganze Familie zusammen hinging. Ich wusste es damals nicht, aber mein ganzes Leben war im Begriff, sich zu ändern.

In der Schulung lehrten sie, dass Gott auf verschiedene Weise spricht. Er spricht durch Bilder vor unserem geistigen Auge, Träume, Eindrücke, seine leise Stimme, göttliche Zufälle und sehr viele weitere Methoden. Sie lehrten, dass wir alle dazu bestimmt sind, Gottes Stimme zu hören und dass er immer spricht – wir müssen nur lernen zuzuhören.

Ich saß da und lauschte mit herunterhängender Kinnlade. Obwohl ich im Alter von etwa acht oder neun Jahren erkannt hatte, dass andere Menschen einige der Dinge, die ich sah, nicht sahen, war mir nie in den Sinn gekommen, dass das, was ich sah, etwas mit einer Gabe zu tun haben könnte. Als ich schließlich erkannte, dass ich die Dinge anders sah als andere Menschen, hatten mich die nächtlichen Schrecken zu sehr verängstigt, um das ganze Ausmaß dessen, was ich sah, mit anderen zu teilen. Ich hatte meinen Eltern nur gesagt, dass ich Alpträume hätte.

Derjenige, der den Kurs leitete, beschrieb nichts, was wirklich dem ähnlich war, was ich erlebte, als er über die prophetische Gabe sprach, aber die Dinge, die er erwähnte, erinnerten mich an Dinge, die ich gesehen hatte. Es war nur ein Anfang, aber es bot mir mehr Bezüge, als ich je für die Dinge gehabt hatte, die ich sah – es reichte aus, dass ich endlich den Mut aufbringen konnte, meinen Eltern genau zu sagen, was mit mir los war.

Ich sagte es meinen Eltern, und zusammen gingen wir zu den Leitern des prophetischen Dienstes in der Gemeinde, um mit ihnen darüber zu reden. Obwohl keiner von ihnen die gleichen Dinge erlebt hatte wie ich, hatten sie zumindest von anderen Menschen wie mir gehört. In diesem Moment änderte sich etwas. Ich weiß nicht, ob es daran lag, dass ich endlich jemand mitgeteilt hatte, was ich erlebte, oder ob es die Entdeckung war, dass meine nächtlichen Schrecken nicht dadurch verursacht wurden, dass ich den Verstand verlor oder einem einfachen dämonischen Angriff ausgesetzt war, sondern dass sie die Folge einer Gabe waren, mit der ich noch nicht umzugehen wusste. Doch im Laufe einer Woche endeten die nächtlichen Ängste vollständig. Ich sah in dieser Woche immer noch jede Nacht Dämonen, aber die Welle der Angst, die früher damit einhergegangen war, war fast völlig verschwunden. Am Ende der Woche hatten sie aufgehört, sich die Mühe zu machen, überhaupt zu kommen.

*****

So saß ich also hinten in der Kirche und war bereit zu lernen, wie man diese Gabe, die Gott mir gegeben hatte, nutzen konnte; es war sozusagen Tag 1 meiner Ausbildung, im Geist zu sehen.

Die Engel beendeten das Aufhängen des letzten roten Stoffes um den Gottesdienstraum herum und zogen dann in den Bereich vor der Bühne. Dort begannen sie, in perfektem Rhythmus mit der Musik des Anbetungsteams zu tanzen. Der Engel in Gold und

Silber stand feierlich direkt hinter dem Lobpreisleiter, und der glitzernde Nebel, der von der Gitarre des Lobpreisleiters ausging, füllte den Raum weiterhin mit funkelndem Licht.

Ich sah eine Handvoll anderer Engel, als ich mich im Raum umsah. Die meisten standen entweder in der Nähe einer der anderen anwesenden Personen oder tanzten im Raum. An manchen Stellen sah ich kleine Lichtflecken. Ich konnte auch sehen, dass sich etwas bewegte, aber es war zu undeutlich, um noch viel anderes zu erkennen. Es sah aus, als hätte jemand eine Handvoll Vaseline über diesen Teil des Raumes geschmiert und bis zur Unkenntlichkeit verborgen, was auch immer dort war.

Im hinteren Teil des Raumes sah ich eine große schwarze Schlange. Ihr baumstammdicker Körper war mit dunklen, ledrigen Schuppen bedeckt und ihre hellgelben Augen glühten, als sie ihren Kopf von dort, wo sie hoch oben in den Dachbalken hing, absenkte. Die bekannte Angst, die ein so beständiger Teil meines nächtlichen Lebens gewesen war, machte sich an meinem Hinterkopf bemerkbar, als ich die Schlange sah, aber dieses Gefühl wurde schnell beendet, besonders als ich bemerkte, wie sehr sich die Schlange gegen die Rückwand drückte, als hätte sie Angst, dem Geschehen vorne im Raum näherzukommen.

Ich setzte meine Beobachtung des Gottesdienstraums fort und versuchte, mir noch mehr Erinnerungen an das Sehen von Engeln und Dämonen aus meiner Vergangenheit ins Gedächtnis zu rufen, damit ich meine neuen Erkenntnisse auf die alten Erfahrungen anwenden konnte. Als ich jung war, fühlte sich das Sehen im Geist überhaupt nicht anders an als das Sehen im Natürlichen. Die Engel und Dämonen, die ich täglich sah, fügten sich ganz natürlich in den Hintergrund meines täglichen Lebens ein. Nun, da ich die Dinge, von denen ich wusste, dass sie geistlich sind, obwohl ich sie so deutlich sehen konnte wie die Person, die vor mir saß, besonders beachtete, sahen die geistlichen Dinge so aus, als wären sie aus etwas anderem gemacht.

Alles bewegte sich ein wenig anders, als es im Physischen der Fall gewesen wäre. Die Engel bewegten sich nach oben und unten, als wäre die Schwerkraft ein optionaler Teil ihres Tanzes. Sie strahlten, als wären ihre Haut und Kleidung selbst eine Lichtquelle, statt dass sie das Licht von anderswo im Raum reflektierten.

Ich habe nie bewusst im Geist gesehen, als ich ein Kind war. Es passierte einfach, ganz natürlich verwoben mit allem anderen, was ich sah. Da ich nun wusste, dass das, was ich hatte, eine Gabe war, fragte ich mich, ob ich sie ein- und ausschalten konnte. Ich runzelte die Stirn und versuchte es. Es klappte auf Anhieb. Wie man sich entschließt, sich nur auf eine ganz bestimmte Person zu konzentrieren oder auf etwas am Rande des Sehbereichs statt auf etwas in seinem Sehzentrum, konnte ich mich auf die physische Welt konzentrieren und alles Geistliche verblassen lassen. Mit einer weiteren Anpassung konnte ich mich auf das konzentrieren, was im Geist vor sich ging.

Ich saß einen Moment lang da und wechselte zwischen dem Geist und dem Physischen hin und her. Es brauchte Energie und Konzentration, um bewusst auf das eine oder andere fixiert zu bleiben, ähnlich wie beim Training eines selten verwendeten Muskels, aber es gelang mir. Ich bemerkte, dass, wenn ich mich auf den Geist konzentrierte, einige der verschwommenen Punkte, die nur Lichtflecken waren, scharf wurden. Einer davon, in der Nähe der Vordertür des Raumes, löste sich in einen Engel in glänzender, silberner Rüstung auf, der mit einem Langschwert in der Hand und einem entschlossenen Blick auf seinem Gesicht Wache stand. Ein grünlich-blauer Fleck war eigentlich ein kleiner, einem Kind ähnlicher Engel in einem blauen Gewand, der eine Vase mit grüner Flüssigkeit auf die Bühne ausgoss. Die Flüssigkeit strömte über den Rand der Bühne, breitete sich im ganzen Raum aus und bedeckte mit ihrem smaragdgrünen Licht die Füße aller, die sie passierte. Es gab immer noch mehrere Dutzend verschwommene Stellen im Raum, aber ich konnte viel mehr sehen, wenn ich auf den Geist fixiert blieb.

Und so ging es Woche für Woche, Monat für Monat. Ich schaute und sah. Ich beobachtete und lernte. Die Fortschritte waren langsam, aber auch stetig. Ich verstand den Sinn von weniger als 10 Prozent dessen, was ich sah, aber alles, was ich sah, fügte etwas zu bestimmten Abschnitten meiner wachsenden internen Enzyklopädie der geistlichen Welt hinzu.

In einer Woche sah ich eine viereinhalb Meter hohe Gestalt aus milchigem Licht. Ich wusste nicht, warum sie da war oder was sie tat, aber sie stand während des gesamten Gottesdienstes auf der rechten Seite der Bühne. In der nächsten Woche sah ich die gleiche Figur wieder, aber nun konnte ich deutlich ihre Füße sehen. Sie trug juwelenverzierte Sandalen. Was bedeutete das? Wozu war sie da? Ich hatte keine Ahnung, aber nun ein paar Details mehr. In der folgenden Woche konnte ich die Füße, Beine und Hände des Engels sehen. Er trug Ringe an jedem seiner Finger, die zu den Ornamenten auf seinen Sandalen passten. Er hielt einen großen, goldenen Stab mit einer Art quadratischen Schaufel an der Spitze. In der folgenden Woche war nur noch das Gesicht des Engels verdeckt. Der Engel trug ein Gewand, das mit Gold und Juwelen bedeckt war, die die Verzierungen an seinen Füßen und Händen ergänzten.

Zum ersten Mal konnte ich sehen, was der Engel tat. Er streckte den Stab zu den Gläubigen hin. Als sie sangen und im Lobpreis ihre Hände hoben, kamen dünne Rauchfahnen aus ihren Mündern und Fingerspitzen, die wirbelten und zusammenströmten, während sie sich nach vorne bewegten und im Schaufelteil des Engelsstabs sammelten. Sobald die Schaufel voll war, hob der Engel den Stab hoch in die Luft. Der Inhalt der Schaufel brach in Flammen aus und brannte immer heißer und heißer, während das Tempo der Anbetungsmusik zunahm. Dann warf der Engel den glühenden Inhalt der Schaufel – eine wirbelnde Wolke aus Glut – zurück in die Menge. Die Glut entzündete den Rauch, der noch immer von den Gläubigen freigesetzt wurde, und peitschte einen wirbelnden Strudel aus partikelförmigem Licht auf. Alles stieg mit einem Brausen in die Luft, das perfekt zum Crescendo der Musik passte.

Die Antwort meines Herzens ließ, zusammen mit der gewaltigen Schönheit der Szene, das Ziel des Engels deutlich werden: Er war da, um unsere Fähigkeit, unseren Gott anzubeten zu steigern. In dem Moment, als mir dieser Gedanke in den Sinn kam, klärte sich das verschwommene Licht, welches das Gesicht des Engels verdunkelt hatte. Es war das Gesicht eines Mannes Mitte vierzig. Sein Hautton und seine Gesichtszüge erinnerten mich an keine bestimmte Ethnie oder Rasse. Das soll nicht heißen, dass er uninteressant oder ausdruckslos aussah; im Gegenteil, als ich sein Gesicht betrachtete, als das nächste Lied begann, war ich überrascht, wie viel von der Persönlichkeit und dem Charakter dieses Engels durch seinen Gesichtsausdruck sichtbar wurde.

Der Prozess, bei dem sich Rauch in der Schaufel sammelte, entzündet wurde und dann den Gläubigen zurückgegeben wurde, spielte sich fast genauso ab wie während des ersten Liedes, doch die aufrichtige Leidenschaft und Hingabe auf dem Gesicht des Engels, als er seine Pflichten erfüllte, ließ die ganze Erfahrung noch überwältigender und wirkungsvoller werden. Er war so sehr auf den Dienst konzentriert, den er für die Gemeinde und den Herrn tat, dass es mich bis ins Mark überführte und inspirierte.

Monat für Monat wurde meine Fähigkeit, mich auf die Dinge zu konzentrieren, die ich sah, immer ausgefeilter. Ich konnte mich darauf konzentrieren, was um eine bestimmte Person herum oder was mit dem Raum als Ganzes geschah. Ich konnte mich entscheiden, nach dem Dämonischen oder den Engeln zu suchen. Ich konnte mich entscheiden, nach Seelenwunden in und an den Menschen um mich herum zu suchen oder die Gegenwart Gottes zu betrachten, die sich um sie herumbewegte. Ich konnte mich auf die Gebete der Menschen konzentrieren, wie sie die Atmosphäre beeinflussten, oder ich konnte mich auf die Sorgen und Ängste konzentrieren, die wie ein Mini-Feuerwerk um ihre Köpfe herum explodierten. Obwohl ich definitiv nicht alles verstand, was ich sah, spürte ich, dass ich langsam etwas davon begriff, wie die geistliche Welt funktionierte.

Nach ein paar Monaten des Übens entschied ich mich, es sei an der Zeit, die Dinge, die ich sah, mitzuteilen. Denn warum sollte Gott mir diese Dinge zeigen, wenn er nicht wollte, dass ich sie den Menschen um mich herum mitteile? Ich erzählte dem Lobpreisteam über die Art von Engeln, die ich während der Anbetung in jener Woche gesehen hatte, und ich erzählte meinem Pastor, wie sich die Gegenwart Gottes während seiner Lehre durch den Raum bewegte. Das schien sie immer zu ermutigen. Manchmal hatten sie weitere Fragen, warum ein bestimmter Engel dies oder ein anderer Engel das tat. Das verstörte mich meist, da ich im Allgemeinen nur den Teil verstand, den ich weitergab. Weitere Details fehlten entweder ganz oder waren wie verstreute Puzzleteile auf dem Tisch meines Gehirns; es dauerte meist mehrere Wochen, bis ich ein klares Bild davon bekam, wie alles zusammenpasste.

Ich versuchte, den Leuten auch von den dämonischen Dingen zu erzählen, die ich an ihnen sah, aber das kam meist nicht so gut an. Einige wurden sehr wütend auf mich, andere gerieten in Panik, und einige schämten sich zutiefst, wenn ich ihnen erzählte, was ich sah. Es war schwer zu verstehen, warum die Menschen so heftig reagierten. Ich war nicht wütend auf sie, wenn ich sah, dass ein Dämon versuchte, sie zu ärgern. Ich hatte keine Angst vor ihnen, besonders wenn ich mit dem Heiligen Geist über das sprach, was ich sah. Ich verstand nicht, warum sie sich schämen sollten, nur weil ein Dämon etwas vorhatte.

Auch wenn er holprig war, schien der Weg nach vorne frei zu sein. Ich lernte immer mehr, wie die geistliche Welt funktionierte, und ich lernte, wie man die Dinge, die ich sah, nutzen konnte. Ich wusste, dass ich noch viel zu lernen hatte, aber ich war zuversichtlich, dass Gott mir zeigen würde, wie ich die Dinge, die ich sah, zu seiner Ehre einsetzen konnte.

TEIL I

Leben auf der Erde

Die geistliche Welt ist ein fester Bestandteil unseres täglichen Lebens. Es ist keine geheime Dimension, zu der wir nur durch geistliche Riten oder religiöse Rituale Zugang haben; sie ist für die Schöpfung ebenso grundlegend wie die Gesetze der Wissenschaft und Mathematik, die Gott als Basis für unsere tägliche menschliche Erfahrung entworfen hat.

Gottes Gegenwart und seine Pläne gehen weit über die Grenzen unserer Häuser und Kirchengebäude hinaus. Er ist überall. Engel verstecken sich nicht in Gottesdiensträumen und warten auf den nächsten Sonntagsgottesdienst; sie gehen dorthin, wo wir hingehen, und suchen nach Wegen, die Ziele Gottes zu verwirklichen und die Botschafter seines Reiches zu unterstützen.

Was heißt das dann konkret, wenn ich im Supermarkt bin? Oder wenn ich meine Kinder von der Schule abhole? Oder wenn ich in der Arztpraxis herumsitze und warte?

Im folgenden Abschnitt findest du Geschichten darüber, was im Geist während des Normalen, des Alltäglichen und der Routine passiert. Achte darauf, welche Bedeutung dein tägliches Leben für den Himmel hat und welchen Wert Gott jedem Detail deines Lebens beimisst.

Kapitel 1

Ein Tag am Pool

Wir kamen vollbepackt im öffentlichen Schwimmbad an. Ich hatte Taschen, die mit Handtüchern, Schwimmutensilien, Wasserflaschen und Knabbereien überquollen. April, meine Frau, hatte Finnley, unser Neugeborenes, im Arm. Haydon, unser Dreijähriger, rannte voraus, weil er jede verfügbare Sekunde im Wasser verbringen wollte. Ich folgte ihm auf den Fersen und war bestrebt, ihn so schnell wie möglich in seine Schwimmweste zu schnallen, da Dreijährige nicht die schwimmfähigsten Dinge auf dem Planeten sind.

Nachdem wir unsere Taschen geleert und unsere Stühle mit Strandtüchern besetzt hatten, sprangen Haydon und ich in den Pool, während April und Finnley im Schatten saßen und spielten. Aprils „Engelin", die ein rosa-weißes Kleid trug, kniete sich direkt hinter ihr nieder. Sie streckte regelmäßig ihren Kopf über Aprils Schulter und machte lustige Grimassen zu dem Baby hin, die in einem perfekt komplementären Rhythmus zu den lustigen Grimassen und Geräuschen waren, die April machte. Ich bezeichne Aprils Engel als „Engelin", nicht weil ich denke, dass ihr Engel ein Mädchen ist, sondern weil das Kleid, die langen rotblonden Haare und die Gesichtszüge des Engels für mich alle feminin wirken. Ich glaube nicht, dass Engel weiblich und männlich sind, zumindest nicht so wie wir, aber ich sehe oft, dass sie eher männliche oder eher weibliche Eigenschaften verkörpern.

Haydon und ich schwammen um den Pool herum, plantschten und spielten. Sein Engel blieb die meiste Zeit direkt bei ihm und ging nur ab und zu weg, um auf etwas Interessantes an anderer

Stelle im Pool zu deuten. Der Engel schwirrte über das Wasser, sein grüner Umhang flatterte im Wind, dann hielt er irgendwo an und wedelte wild mit den Armen. Haydon fing dann an, in diese Richtung zu paddeln. Manchmal fanden wir dort etwas Interessantes, wie z. B. ein kleines Insekt, das über die Wasseroberfläche lief; manchmal konnte ich nichts Interessantes ausmachen, obwohl Haydon jedes Mal etwas Faszinierendes fand. Wir gingen nicht an jede Stelle, die Haydons Engel aufzeigte; manchmal führte uns die natürliche Neugierde meines Kleinkindes in eine andere Richtung. Der Pool war groß und kurvenreich, mit kleinen Wasserfällen und anderen lustigen Besonderheiten, weshalb Haydon sich manchmal einfach dorthin bewegte.

Als wir wieder zurück an die Seite paddelten, wo April und Finnley spielten, fragte ich mich, ob Haydon wirklich sehen konnte, wie sein Engel auf bestimmte Stellen hinwies, oder ob die Art und Weise, wie sein persönlicher Engel mit ihm interagierte, so natürlich und vertraut für ihn war, dass es von dem, was in ihm vorging, kaum zu unterscheiden war. Hat ihm der Engel wirklich gesagt, wohin er gehen soll, oder hat er nur sanft an seiner kindlichen Neugierde gezerrt? Ich hätte ihn einfach fragen können, aber es ist schwierig, von einem Kleinkind klare Antworten auf solche existentiellen Fragen zu bekommen.

Eine Zeitlang hatten wir den ganzen Pool für uns allein. Nachdem wir etwa fünfzehn Minuten lang gespielt hatten, kam eine Frau in den Sechzigerjahren, um zu schwimmen. Sie trug einen einteiligen, marineblauen Badeanzug mit weißen Rüschen auf den Schultern, eine weiße, gerüschte Badekappe und eine neongrüne Taucherbrille. Sie hatte leuchtend orange aufblasbare Kinderschwimmflügel an beiden Armen, drei oder vier Schwimmnudeln unter einem Arm und zwei kleine Schwimmbretter in der Hand. Als Kind war mir beigebracht worden, dass es unhöflich ist, andere anzustarren, aber in diesen Moment fand ich es sehr schwer, nicht zu starren.

Vorsichtig senkte sich die Frau ins Wasser und passte auf, dass sich kein Teil ihrer Ausrüstung löste. Sie hielt sich am Rand des Pools fest, steckte die Nudeln unter ihre Arme und legte sich über beide Schwimmbretter. Dann tauchte sie ihr Gesicht etwa fünf Zentimeter ins Wasser, stieß sich von der Wand ab und begann zu paddeln. Sie schaffte etwa 25 cm, bevor sie ihr Gesicht aus dem Wasser riss und schnaufend, spuckend und hustend aufstand. Sie stellte die verschiedenen Utensilien, die ihr während ihres Versuchs entglitten waren, wieder zusammen und ging zurück zum Rand des Pools. Bald darauf war sie wieder bereit und startete einen zweiten Versuch. Diesmal paddelte sie mindestens 30 cm. Wieder musste sie husten und spucken, aber wieder kehrte sie zum Rand des Pools zurück, um einen weiteren Versuch zu unternehmen. Sie ging diese Routine 45 Minuten lang immer und immer und immer wieder durch und legte nie eine längere Pause ein, als sie brauchte, um Luft zu holen.

Obwohl ich mein Bestes tat, um ihre Privatsphäre zu wahren, konnte ich nicht anders, als über das, was diese Frau vorhatte, fasziniert zu sein. Ohne groß darüber nachzudenken, schaute ich während einer ihrer Versuche in den Geist. Ich sah ihre „Engelin" auf dem Wasser über der Frau stehen, als sie sich durch den Pool schob und paddelte. Die „Engelin" hätte nicht aufgeregter aussehen können. Sie sprang auf und ab, schwenkte ihre Faust und schrie: „Du packst das! Du kannst es schaffen! Los! Los! Los!" Ihr Engel sah aus wie eine Mutter, die zusieht, wie ihr Kind während des Meisterschaftsspiels das Siegtor erzielt.

Ich schaute etwas weiter nach rechts und sah dort einen Dämon über der Frau schweben. Er war kurz und spindeldürr, mit scharfen, spitzen Fingern. Jedes Mal, wenn die Frau ihren Kopf in das Wasser tauchte und anfing zu paddeln, langte der Dämon nach unten und stieß, stach und kratzte den Hinterkopf der Frau. Doch obwohl ich die Boshaftigkeit und Verachtung im Tun des Dämons spüren und sehen konnte, sah ich, als ich das Gesicht des Dämons betrachtete, nicht einen Blick der Aggression, sondern der reinen Panik. Er sah verängstigt aus.

Als ich die Szene als Ganzes betrachtete – die Frau, die mit aller Kraft schwamm, mit Nudeln und Brettern, die überallhin hüpften; der tanzende und jubelnde Engel und der Dämon, der kratzte und scharrte –, konnte ich nicht umhin, den Heiligen Geist zu fragen: „Was ist hier los?"

„Sie hat Angst vor dem Wasser, seit sie mit drei Jahren fast ertrunken wäre", antwortete er, ohne zu zögern, „aber sie hat sich heute entschieden, es sei an der Zeit, diese Angst zu überwinden."

Er sprach dabei mit einem Ton von so väterlichem Stolz, dass ich sprachlos war. Es war so ansteckend, dass ich selbst stolz auf die Frau war – dass sie bereit war, so große Mühe zu investieren, um etwas zu überwinden, was sicherlich ein normaler Teil ihres Alltags geworden war, sodass sie nicht zehn Minuten, sondern fünfundvierzig Minuten lang weitermachte und es versuchte, und es sogar aufrechterhielt, obwohl ein Dreijähriger ständig um sie herumschwamm. Ich war von Freude überwältigt über das, was sie tat.

Nachdem Haydon und ich noch eine Weile umhergeschwommen waren, winkte mich April zu sich, damit auch sie eine Runde schwimmen konnte. Ich hüpfte aus dem Pool und setzte mich neben unser neuestes Baby, das jetzt in einem kleinen, tragbaren Bettchen fest eingeschlafen war.

April ist viel umgänglicher als ich. Ich tat mein Bestes, um die Frau im marineblauen Badeanzug nicht zu lange anzustarren. Ich versuchte, Haydon davon abzuhalten, zu ihr hinzuschwimmen und sie zu stören. Ich versuchte, auf der einen Seite des Pools zu bleiben, damit sie weiter üben konnte, ohne gestört zu werden.

In dem Moment, als April die Frau sah, was sie trug und die ganze Ausrüstung, die sie bei sich hatte, schwamm sie zu ihr hin und sagte: „Hey, was machen Sie denn da?"

Die Frau hielt an, richtete ihre Badekappe auf, lachte und sagte: „Wissen Sie, ich habe Anfang dieses Jahres erkannt, dass ich viel zu viele Träume habe, um mich von der Angst zurückhalten zu lassen. Deshalb habe ich beschlossen, dass ich mich in diesem Jahr jeder meiner Ängste stellen werde. Diese Woche lerne ich schwimmen und nächste Woche gehe ich Fallschirmspringen."

Es ist leicht zu glauben, dass Gott sich für die großen Dinge begeistert. Es ist leicht zu glauben, dass Gott begeistert ist, wenn man jemandem das Evangelium erklärt, wenn man für eine Person betet und diese geheilt ist, oder wenn man ein prophetisches Wort gibt, das Erkenntnis und Segen in das Leben eines

Menschen bringt. Es ist leicht zu glauben, dass Gott begeistert wäre, wenn du alles, was du hast, den Armen geben würdest oder in ein Land der Dritten Welt ziehen würdest, um den Menschen und seinen Zielen dort zu dienen. Aber es ist manchmal schwer zu glauben, dass Gott genauso begeistert ist, wenn man es schafft, pünktlich zu arbeiten, wenn man die Glühbirne ersetzt, die seit einem Monat ausgefallen ist, oder wenn man zu seinen Kindern barsch sein könnte, aber stattdessen den Weg des Friedens geht. Es ist schwer zu glauben, dass Gott tatsächlich begeistert ist, dass du einen Schlüsselhaken in der Nähe deiner Haustür angebracht hast, damit du deine Schlüssel nicht so oft verlierst, dass du einen effizienteren Weg gefunden hast, das Budget deiner Firma zu kalkulieren, oder dass du Muffins gebacken hast, die wirklich gut schmecken. Es ist schwerer zu glauben, dass diese Dinge Gott begeistern könnten, weil wir eine unvollständige Vorstellung davon haben, wie groß seine Liebe ist.

Jeder Sieg wird in den Hallen des Himmels gefeiert – egal wie groß oder klein. Warum? Weil jeder Sieg einen Nachhall hat, der so viel weiter reicht, als wir sehen. Diese Frau lernte nicht nur schwimmen – sie lernte auch, die Angst zu überwinden. Angst zu überwinden, ist eine Fähigkeit, die sie auf andere Bereiche ihres Lebens anwenden kann. Es ist eine Fähigkeit, die sie anderen beibringen kann. Der Dämon hatte einen schrecklichen Blick auf seinem Gesicht, weil er dabei war, seinen Platz in ihrem Leben zu verlieren. Der kleine Spalt der gewohnten Angst, die sein Versteck gewesen war, wurde mit Kühnheit und Mut gefüllt. Die Angst vor dem Schwimmen zu überwinden, ist vielleicht nicht die bedeutendste Sache im Leben; aber zu lernen, Angst zu überwinden, ist ein Sieg, der jeden Teil deines Lebens verändern kann.

Zum Weiterdenken

- Der Engel der Frau feierte mit großer Begeisterung ihren Sieg über die Angst. Was sagt uns das Verhalten dieses Engels über die Art der Beziehung, die persönliche Engel mit den ihnen zugewiesenen Menschen haben?

- Der Dämon hatte Angst, seinen Einfluss im Leben der Frau zu verlieren. Was sagt das über seine Ziele aus? Was lehrt uns das darüber, wie wir dämonische Einflüsse in unserem Leben loswerden können?
- April, meine Frau, stellte der Frau eine direkte Frage. Wäre die Geschichte genauso eindrucksvoll gewesen, wenn wir nicht den Hintergrund wüssten, warum die Frau tat, was sie tat? Zu lernen, sich Fragen auszudenken, und die Kühnheit zu entwickeln, sie auch tatsächlich zu stellen, ist einer der schnellsten Wege, um in Weisheit und Offenbarung zu wachsen.

KAPITEL 2

Amtsgericht

Vor ein paar Jahren musste ich zum Gericht gehen. Ich hatte einen Strafzettel für das Fahren mit einer abgelaufenen Prüfplakette erhalten. Mein Auto hatte schon seit einigen Monaten Probleme mit dem Kühler gehabt. Schließlich kam ich dazu, es zu reparieren, aber ich hatte es nicht geschafft, die Plakette ersetzen zu lassen, die inzwischen abgelaufen war. Ich hatte einen Nebenjob und hatte Schwierigkeiten, eine Mitfahrgelegenheit zu finden. Weil ich zu spät zur Arbeit gekommen wäre, fuhr ich mit dem Auto ohne gültige Plakette und bekam prompt einen Strafzettel. Die auf dem Strafzettel aufgeführten Bestimmungen erforderten, dass ich zum örtliche Gericht gehe, um meinen Fall zu vertreten und die Geldbuße zu bezahlen.

So machte ich mich um sechs Uhr an einem nebligen, kalten Dienstagmorgen in meinem inzwischen vollkommen legalen Auto auf den Weg, um eine Zeit an einem kleinstädtischen Gericht zu genießen. Als ich an dem größtenteils grauen und fast quadratischen Gebäude ankam, war die Sonne gerade vollständig über den Horizont gestiegen. Nachdem ich versehentlich eine Verkehrsklasse, ein Polizeischulungsseminar und einen Wartungsraum betreten hatte, fand ich schließlich den Gerichtssaal.

Der Raum war total voll; jeder Stuhl und jeder bequeme Teil an der Wand waren besetzt. Menschen jeder Form, Größe und Farbe saßen in engen Reihen zusammengedrängt, wobei jeder an irgendeinem juristischen Dokument herumfummelte. Etwa ein halbes Dutzend Polizeibeamte waren an wichtigen Stellen im Raum positioniert, zwei weitere standen zu beiden Seiten eines massiven Schreibtisches an der Vorderseite des Raumes, wo der Richter und sein Personal in einer langen Reihe saßen. Ich suchte die am wenigsten überlastete Ecke und quetschte mich hinein. Ein idealer Tag würde für mich wahrscheinlich hauptsächlich so aussehen: Ich lese etwas für mich, verbringe etwas Zeit mit meiner Frau und meinen Kindern, vielleicht gefolgt von dem Besuch von ein paar engen Freunden nach dem Abendessen. Eng in einen Raum mit viel zu vielen Fremden gepackt zu sein, die alle irgendwie empört waren, stand nicht ganz oben auf meiner Liste, wie man einen großartigen Tag verbringen könnte.

In solchen Situationen schalte ich im Allgemeinen meine Fähigkeit, im Geist zu sehen, aus – es wird einfach zu voll. Aber bald wurde mir die Langeweile zum Verhängnis, und ich begann, im Geist zu schauen. Es waren etwa 150 Menschen anwesend, jeder mit einem persönlichen Engel, von denen jeder etwas Besonderes und Einzigartiges tat. Die Gedanken, Meinungen und Einstellungen jedes Menschen schickten Funken und Bilder wie mentale Abgase in den Raum. Der Raum selbst hatte seine eigenen Engel, die nicht an eine bestimmte Person gebunden waren; sie gehörten einfach zur Struktur und dem Ablauf von allem, was dort geschah. Irgendwo schlängelten sich etwa zwanzig Dämonen durch den Raum und suchen nach Gelegenheiten. Ein kurzer Gedankenblitz der Enttäuschung oder Frustration, Sorgen um die Finanzen oder andere rechtliche Probleme, eine wahrgenommene Beleidigung von jemandem im Raum – all das könnte die Art von Öffnung darstellen, nach der Dämonen suchen.

Es gab natürlich noch viel mehr, aber es ist schwer zu wissen, wo man aufhören soll, wenn man Dinge beschreibt, die andere Menschen normalerweise nicht sehen. Stell dir vor, du wolltest einem Blinden erklären, wie dein Wohnzimmer aussieht. Bleibst du beim Groben und sagst lediglich, dass es eine Couch, einen Teppich, einen Fernseher und einen Deckenventilator gibt? Oder vertiefst du dich in die kleinsten Details, indem du das besondere Muster und die Maserung des Teppichs, das Design und den Stil des Couchtisches sowie das Holz, aus dem er besteht, die Anzahl der Glühbirnen in der Leuchte, die im Eingangsbereich hängt, die Anzahl der Scheiben in den Fenstern, ob die

Vorhänge aufgezogen oder geschlossen sind, wie viele verschiedene Kissen auf deiner Couch liegen und inwiefern jedes der aufwendig gestickten Muster auf der Vorderseite der Couch Ausdruck deines Shabby-Chic-Stils sind? Oder gehst du sogar noch weiter und erklärst den Hintergrund, warum dein Wohnzimmer so aussieht, wie es aussieht – erklärst, dass dein Hund die Ecke der Couch angeknabbert hat, als er ein Welpe war; dass der Couchtisch deiner Mutter gehörte, die vor Kurzem in ein kleineres Haus gezogen ist und keinen Platz mehr dafür hatte; und dass der Teppich weiß ist, du aber hoffst, ihn bald auszutauschen, weil der Aufwand, ihn mit einem Hund und vier Kindern im Haus sauber zu halten, zu groß ist?

Genauso viel, wenn nicht sogar mehr, spielt sich in der geistlichen Welt ab. Wir alle haben ein vollständig vernetztes System geistlicher Aktivitäten, das mit unserem Hintergrund, unserem Denken, unserer Persönlichkeit und den Dingen zu tun hat, die an diesem Tag geschehen sind. Diese alle bilden zusammen eine Art geistliches Ökosystem, eine Verschmelzung von allem, was durch die Art und Weise, wie wir handeln, denken und glauben, angezogen und geschaffen wird. Jeder Winkel unserer Welt ist davon geprägt, wie wir in ihm gelebt haben – auf eine gute, eine schlechte oder auf eine Weise, die eine Mischung aus beidem ist. Im Geist erzählen diese Markierungen, Strukturen und Systeme unsere Lebensgeschichte und bilden die Voraussetzung für unsere Zukunft. Es kann sich überwältigend anfühlen, wenn wir erkennen, wie viel von dem, was wir tun und denken, die Welt um uns herum beeinflusst, weshalb ich so froh bin, dass wir Zugang zur Führung des Heiligen Geistes erhalten haben.

Obwohl ich von allem überwältigt war, was gerade mit dem kleinen Teil der Menschheit in diesem städtischen Gerichtssaal vor sich ging, begann ich das sanfte Ziehen der führenden Hand des Heiligen Geistes zu spüren. Er machte mich auf einen Mann aufmerksam, der in der hinteren Reihe auf der anderen Seite des Raumes saß. Er hatte große, breite Schultern und stieß mit beiden Füßen auf den Boden, während seine Finger auf die Rückseite des Dokuments in seiner Hand klopften. Von dort, wo ich saß konnte ich nicht sehen, um welche Art von Papier es sich handelte, aber es hatte eine Menge roter Buchstaben auf der Vorderseite. Ein Dämon hockte sich vor dem Mann nieder und blies auf die Rückseite des Papiers in seiner Hand. Der Atem des Dämons löste einen aschigen Rauch aus, der um das Papier und in die Augen des Mannes strömte.

Jedes Mal, wenn eine Rauchschwade das Gesicht des Mannes traf, huschten seine Augen nervös von links nach rechts. Dunkle Bilder erschienen um seinen Kopf herum. Momentaufnahmen von einem Auto, das beschlagnahmt wurde, von seiner enttäuscht aussehenden Frau und von der Situation, als er seinen Chef um mehr Arbeitsstunden bat, kamen wie rauchige Schatten aus seinem Kopf.

Sein Engel zog ein scharfes, vergoldetes Schwert mit einer roten Quaste aus dem Heft heraus – ähnlich einem Samurai-Schwert – und begann, die Schattenbilder zu zerschneiden. Der Engel bewegte sich schnell und präzise und hieb nur einmal auf jedes Bild. Der Dämon begann stärker zu blasen, sein Ausdruck wurde immer verzweifelter. Der Engel bewegte sich noch schneller und passte sich dem erhöhten Tempo an, mit dem die dunklen Bilder erschienen.

Plötzlich stand der Mann auf. Er schüttelte die Hände, als würde er versuchen, sie zu lockern, streckte die Schultern und seufzte tief. Er bemerkte, dass sich eine ältere Frau an die Wand lehnte und bot ihr seinen Platz an. Diese weigerte sich zuerst, gab aber schließlich seinem Drängen nach und setzte sich.

Der Dämon folgte ihm, als er sich bewegte, und schnaubte nach dem Papier, das sich mit der Bewegung des Mannes auf und ab bewegte, aber der Rauch erreichte das Gesicht des Mannes nicht mehr. Als er sich dort an die Wand lehnte, wo vorher die Frau war, erschien ein kleiner goldener Schläger in der Hand seines Engels. Der Engel schlug den Dämon damit sofort an den Kopf und schickte ihn taumelnd weg.

„Warum hat der Engel das nicht gleich getan?", fragte ich den Heiligen Geist und dachte dabei: „Warum hat er gewartet, bis der Mann aufgestanden ist?"

Wie so manchmal, erhielt ich keine klare Antwort. Ich hatte nur das Gefühl, dass er mich sanft an einiges erinnerte, was gerade geschehen war. Der Dämon blies auf das Papier. Das sah für mich aus, wie wenn man über die Glut bläst, um ein Feuer zu entfachen. Der Dämon versuchte, den Stress zu erhöhen, den der Mann in Bezug auf das juristische Problem fühlte, mit dem er konfrontiert war.

Die schattenhaften Bilder schienen von dem Mann selbst zu kommen, aber etwas an ihnen war seltsam. Die Szenen und Mimiken auf den Bildern wirkten leicht übertrieben. Diese Sorgen und Ängste kamen von dem Mann, aber sie wurden durch das, was der Dämon tat, verdreht und ließen sie viel schlimmer erscheinen.

Der Engel zerhackte die Gedanken, ignorierte aber den Dämon im Grunde genommen. Es war für mich, als würde ein Polizist eine Verhaftung durchführen: Dafür ist ein klares Protokoll und Verfahren erforderlich sowie eine Reihe von Normen, was die Zuständigkeit und Autorität angeht. Der Engel hatte die Autorität, in Bezug auf die schattigen Gedanken einzugreifen, aber nicht in Bezug auf den Dämon selbst.

Ich verlor die Übersicht darüber, was der Dämon und der Engel taten, als der Mann aufstand. Seine plötzliche Bewegung lenkte mich ab. Vielleicht schüttelte er sich aus seinem Gedankenmuster heraus, denn erst als er das hinter sich ließ, bemerkte er die ältere Frau, die in seiner Nähe stand. Er bestand übrigens darauf, dass sie seinen Platz einnahm; somit kann man davon ausgehen, dass er ihr von seinem Charakter her den Platz schon viel früher gegeben hätte, wenn er sie bemerkt hätte.

Nachdem all dies geschehen war, erhielt der Engel eine neue Waffe. Sie erschien mit einem Lichtblitz. In der Sekunde, in der er die Waffe hatte, benutzte er sie sofort, um den Dämon zu vertreiben. War es die gütige Tat, die es dem Engel ermöglichte, den Dämon loszuwerden?

Ich spürte, dass die führende Hand des Heiligen Geistes sich hob. Wenn es ein Geräusch gemacht hätte, wäre es ein Schallplattenkratzer gewesen. Also wusste ich, dass ich etwas übersehen hatte. Ich ließ das Ganze deshalb nochmals durch meinen Kopf laufen – der ascheblasende Dämon, die schattenartigen Gedanken, der Engel, der die Gedanken durchschneidet, der

Mann, der aufsteht und seinen Platz aufgibt, und der Engel, der ausgerüstet wird. Der Heilige Geist trat einen Schritt zurück, als ich anfing zu denken, es sei die gütige Tat gewesen, die den Engel dazu brachte, den Dämon loszuwerden.

Ein Satz – keine hörbare Aussage, sondern ein klarer und prägnanter Gedanke – ging mir durch den Kopf: „Die Freiheit vom Einfluss der Dämonen ist normal." Seine gütige Tat hat ihm nicht die Freiheit von dem dämonischen Angriff „eingebracht", sondern er war gütig, weil er aufhörte, sich auf den negativen Denkprozess zu konzentrieren, in dem er feststeckte. Der Engel hatte nicht die Autorität, das, worauf sich der Mann konzentrierte, zu vertreiben. Aber sobald er aufhörte, sich auf die negativen Gedanken zu konzentrieren bzw. zumindest aufhörte, sich so auf sie zu konzentrieren, wie der Dämon es wollte, konnte der Engel das erhalten, was er brauchte, um den dämonischen Einfluss zu vertreiben. Dass der Mann etwas für jemand anderen tat, war eine natürliche Nebenwirkung seiner korrigierten Denkweise.

Mein Gedankengang wurde nun durch die schrillen Schreie eines Mannes in der Mitte des Raumes unterbrochen.

„Nein, ich kann *nicht* sehen, dass das relevant sein soll." Der Mann, der vor dem Richter stand, schüttelte eine Handvoll Papiere in Richtung des Gerichtsgremiums.

„Sir", antwortete der Richter, „unabhängig davon, wie relevant Sie es finden oder nicht, Tatsache ist, dass Sie ohne die entsprechende Lizenz geangelt haben."

Ich musste mich einen Moment lang neu orientieren. Ich war so vertieft darin zu beobachten, was im Geist vor sich ging, dass ich vergessen hatte, dass ich in einem Gerichtssaal war.

Der Angeklagte trug ein rotes Flanellhemd, das dem purpurroten Farbton, der sich über sein Gesicht ausbreitete, sehr nahekam, als er einen weiteren Wutausbruch zurückhielt. Sein Engel stand neben ihm und massierte in einer beruhigenden Geste eine der Schultern des Mannes.

Auch der Richter wirkte, als müsse er sich schwer bemühen, ruhig zu bleiben. Dessen Engel stand zu seiner Rechten und goss sanft einen Krug Wasser auf seinen Kopf, um ihn ein wenig abzukühlen. Ein anderer Engel stand hinter dem Richter. Dieser war mehr als drei Meter groß, war mit aufwendig detaillierten und schönen goldenen Ornamenten bedeckt und trug ähnlich strahlende Kleidung. Er hielt ein dickes, goldenes Zepter, auf dem oben ein Rubin angebracht war. Er hatte massive, goldene Flügel und durchdringende Augen, die manchmal rot, manchmal grün und manchmal golden schienen, je nachdem, wie ich meinen Kopf neigte. Ich ertappte mich dabei, dass ich ihn als ein „Es" in meinem Kopf registrierte. Das kam mir seltsam vor. Als ich später darüber nachdachte, hatte ich aufgrund des Aussehens des Engels definitiv einen insgesamt männlichen Eindruck – aber wegen der jenseitigen Art und Weise, wie der Engel hinten im Gerichtssaal schwebte, schien es unangemessen, ihn als „Er" zu bezeichnen.

Der Engel war nicht nur da, um eine Aufgabe zu erfüllen oder einen Job zu erledigen. Dieser Engel *war* das, was er tat. Ich wusste ohne Zweifel, dass es ein Engel der Gerechtigkeit war. Woher wusste ich das? Das ist wirklich schwer zu sagen. Oft ist es so, dass mir das meiste, was ich sehe, vertraut ist, obwohl ich die Dinge, die ich sehe, nicht immer sofort verstehe. Ich frage mich manchmal, ob mein Geist viel mehr versteht als mein Verstand. Vielleicht kann mein Geist die abstrakte Komplexität eines himmlischen Wesens sehen und daraus leicht eine Bedeutung ableiten, so wie mein Gehirn fast sofort alle komplexen Berechnungen durchführen kann, die notwendig sind, um einen Ball zu fangen, der mir zugeworfen wird.

Was meinem Verstand anging, sah ich, dass jeder Teil des Engels perfekt ausbalanciert war. All die goldenen Ornamente, das Zepter und die massiven Flügel des Engels sahen unglaublich schwer aus. Und doch war jedes Teil perfekt auf die anderen Teile abgestimmt. Der Engel schien vollkommen symmetrisch zu sein, abgesehen davon, dass er nur in einer Hand ein Zepter hielt. Der Rest des Körpers, einschließlich der Flügel, passte sich an, um das Gewichtsungleichgewicht auszugleichen, als der Engel das riesige Zepter in einer langsamen, schwungvollen Bewegung sanft von links nach rechts bewegte, als würde er eine Bekanntgabe für die Anwesenden unterstreichen. Alle diese Details waren für sich genommen interessant, hatten aber für mich nicht unbedingt eine klare Bedeutung. Doch wenn ich den Engel ansah, ertönte immer wieder das Wort *Gerechtigkeit* von irgendwo tief in meinem Brustkorb. Der Klang dieses Wortes gab jedem Aspekt der Erscheinung des Engels Betonung, Sinn und Charakter.

Die Symmetrie sprach von der Makellosigkeit der himmlischen Gerechtigkeit. Das Zepter, ein Ausdruck der Autorität und der Fähigkeit, aufgrund dieser Autorität zu handeln, hätte bei jeder Bewegung zu einem Ungleichgewicht geführt, aber der Engel kompensierte das verlagerte Gewicht leicht. Es war, als ob jeder Teil des Engels und das, was er trug, für die schweren Bewegungen des Zepters ausgelegt war. Ich konnte nicht die ganze Bedeutung hinter dem, was ich sah, verstehen, und hatte nur eine vage Ahnung, dass ich ein Bild dessen sah, wie die vollkommene Gerechtigkeit des Himmels mit einer unvollkommenen Welt zusammenwirkt.

Ich konnte spüren, dass mein Geist verstand, was ich sah, aber in diesem Fall war es sehr schwierig, das, was mein Geist wusste, mit dem, was mein Verstand verstehen konnte, in Einklang zu bringen. Vielleicht benutzte ich deshalb automatisch das Wort „Es", um diesen Engel zu beschreiben. „Er" war ein zu bodenständiger Begriff für etwas, das sich so weit außerhalb des Verstehens befand.

Der Mann vor dem Richter plädierte weiter für seinen Fall und wurde immer frustrierter. Sein Engel versuchte immer wieder, ihn auf verschiedene Weisen zu beruhigen – auf seinen Arm zu klopfen, seinen Rücken zu reiben und solche Dinge. Dann bemerkte ich den Dämon, der in der Luft schwebte, direkt vor dem Mann. Er glich einem federlosen Vogel. Er hatte einen langen, schmalen Schnabel, einen dürren schwarzen Körper und dünne, häutige Flügel. Es schwebte mit seinen weit gespreizten Flügeln ein paar Meter vor dem Gesicht des Mannes in der Luft. Ich bemerkte, dass seine Flügel so dünn waren, dass man durch sie hindurchsehen konnte, und alles sah ganz anders aus, wenn man durch diese dunkle „Brille" hindurchsah.

Als ich die Gesichter der Gerichtsgremiums durch die Flügel des Dämons betrachtete, sahen ihre Gesichtsausdrücke subtil verändert aus. Höfliches Lächeln und normale, konzentrierte Blicke nahmen unheimlichere Töne an. Jedes Lächeln sah aus wie ein Grinsen, jedes Achselzucken wie Sarkasmus, jeder Blick verächtlich. Durch diesen dunklen Filter sah der Richter älter und herrischer aus. Ich spürte unwillkürlich ein Misstrauen in mir aufsteigen. Sogar der Engel sah ganz anders aus, als ich ihn durch die Flügel betrachtete. Anstelle von Gold waren seine Verzierungen aus Roheisen gefertigt. Anstelle eines Zepters hielt er einen stumpfen, unförmigen Hammer in der Hand. Sein tiefes, jenseitiges Gesicht sah dumpf und brutal aus.

Der Dämon versuchte, die Perspektive des Mannes vor dem Richter zu beeinflussen. Dadurch sah es so aus, als seien alle gegen ihn. Aus dieser Perspektive war die einzige Gerechtigkeit in dem zu finden, was er den „Ungerechten" aus den Händen reißen konnte.

Ich sehe so etwas immer wieder. Eines der wichtigsten Dinge, die Dämonen versuchen, ist, unsere Sicht auf die Menschen und die Welt um uns herum zu verzerren. Sie versuchen, eine kleine Kränkung zu nehmen und sie in eine große Beleidigung zu verwandeln. Sie versuchen Enttäuschungen in Depressionen zu verwandeln. Sie versuchen, die Unvollkommenheiten anderer zu nehmen und sie in unverbesserliche Fehler zu verwandeln.

Ich bin mir nicht sicher, was diesen Mann dazu veranlasst hatte, die Version der Realität anzunehmen, die der Dämon aufzeigen wollte. Vielleicht hatte er wegen seiner bisherigen Erfahrungen mit dem Rechtssystem einen durchaus nachvollziehbaren Grund für sein Misstrauen. Vielleicht haben seine Eltern ihn absichtlich oder unabsichtlich gelehrt, von der Regierung oder Autoritäten im Allgemeinen eine schlechte Behandlung zu erwarten. Vielleicht war er einfach nur sehr verärgert über die Geldbuße, die er zahlen musste, und deshalb bereit, jegliches Schlechte über diejenigen zu glauben, die ihn dazu verurteilten zu bezahlen.

Es überraschte mich, dass die Flügel des Dämons sogar auch den Engel anders aussehen ließen. Das hatte ich zuvor noch nie gesehen, aber es machte Sinn. Ich habe Menschen inmitten eines schrecklichen Streits gesehen, zwischen denen ein Dämon stand.

Wenn ich die eine oder andere Person durch den Dämon betrachtete, wurden die Gesichtszüge des Einzelnen oft übertrieben, was die Person imposanter oder boshafter erscheinen ließ. Du kannst dies spüren, wenn sich ein kleines Vergehen oder ein falsches Wort zu einem massiven und unfruchtbaren Konflikt entwickelt. Ich habe genauso oft gesehen, dass Menschen diesen dämonischen Einfluss überwunden haben, indem sie eine Pause einlegten und ihre Köpfe frei machten oder indem sie innehielten und sich einen Moment Zeit nahmen, um diejenigen, mit denen sie argumentiert, daran zu erinnern, dass sie ihnen nicht egal sind. Es braucht normalerweise nicht viel, um aus dieser Art von Einfluss herauszukommen. Nur wenn wir uns von diesem Einfluss bestimmen lassen, stoßen wir auf Probleme.

Obwohl ich vorher noch nie gesehen hatte, dass ein Dämon beeinflusste, wie ein Engel aussah, hatte ich es oft zwischen zwei Menschen gesehen. Und es ist klar, dass der Dämon nicht nur will, dass wir ein falsches Bild von anderen Menschen haben, sondern dass wir auch ein falsches Bild von Gott und seinen Zielen mit uns haben. Es schien, dass der Dämon in diesem Fall versuchte, die Sichtweise dieses Mannes in Bezug auf Gerechtigkeit zu verzerren, sogar auf die Gerechtigkeit Gottes.

Obwohl der Richter sein Bestes zu geben schien, Verständnis zu zeigen, stritt der Mann weiter, bis seine Geldstrafe als Folge seiner anhaltenden Aggressivität fast verdoppelt wurde. Sein Gesicht ging von purpurrot in violette Schattierungen über. Er nahm das neue Papier entgegen, das ihm der Gerichtsvollzieher überreichte, stampfte an den Polizisten vorbei und ging weiter in den nächsten Raum, um seine Strafe zu bezahlen. Sein Engel joggte, um mit dem zügigen Tempo des Mannes Schritt zu halten und sah dabei mitfühlend, aber traurig aus.

Der Richter schüttelte den Kopf, als der Mann ging, ließ einen tiefen Seufzer los und flüsterte etwas zu dem Mitarbeiter zu seiner Linken. Nachdem er einen neuen Stapel von Papieren, den man ihm gebracht hatte, in Augenschein genommen hatte, rief er einen Namen aus, und der Mann, der seinen Platz der älteren Frau abgetreten hatte, trat vor den Richter.

Der Richter schilderte grob seinen Fall – es hatte etwas mit einem illegal geparkten Auto zu tun, das abgeschleppt und beschlagnahmt worden war. Als der Richter sprach, sah ich, dass der Dämon seine dünnen Flügel dehnte und mit ihnen zu schlagen begann, als würde er versuchen, seine Muskeln anzuspannen. Ich konnte immer noch das verzerrte Bild sehen, als ich durch die Flügel des Dämons schaute. Die gleichen diffusen Gedanken, die den Mann bereits vorher gequält hatten, begannen wieder aufzutauchen. Diesmal tauchten noch mehr auf, sechs oder sieben auf einmal. Sie begannen sich zu bewegen und zu wirbeln, sodass sie zu einer dichten Masse um den Kopf des Mannes wurden. Sie drehten sich immer schneller und legten sich immer enger um sein Gesicht, seinen Hals und seine Augen. Dann legte der Engel des Mannes seine Hand fest auf dessen Schulter. Sofort verflüchtigten sich alle dunklen Gedanken in Nichts.

Ein frustrierter Blick ging über das Gesicht des Dämons. Er hatte in der Luft geschwebt und seine Flügel zu beiden Seiten ausgestreckt, aber als ich wieder hinschaute, fing er an, auf den Boden zu sinken. Er begann mit den Flügeln zu schlagen, um in der Luft zu bleiben, da die Kraft, die ihn ohne Anstrengung in der Luft bleiben ließ, weg war. Das Flattern machte es viel schwieriger, durch den Filter seiner Flügel zu sehen. Bald gab er auf und fiel als erschöpfter Haufen zu Boden.

Der Mann brachte seinen Fall auf sanfte, aber aufrichtige Weise vor. Er war seit einiger Zeit arbeitslos und nicht in der Lage gewesen, sein kaputtes Auto zu reparieren. Deshalb konnte er es nicht von dort wegbringen, wo es illegal geparkt war. Er hatte gerade einen neuen Job bekommen und bemühte sich, das Geld zusammenzubekommen, um das Auto reparieren zu lassen, sowohl um es von dort wegzubringen, wo es war, als auch um es als zuverlässiges Transportmittel zu seinem neuen Job zu nutzen. Aber er und seine Familie hatten bereits Schwierigkeiten, sich finanziell von seiner Zeit der Arbeitslosigkeit zu erholen. Der Strafzettel und die Gebühren, die mit dem Herausholen des Autos aus der Beschlagnahmung verbunden waren, verschlimmerten das Problem noch. Er bettelte nicht. Er forderte nicht. Er fragte den Richter nur, ob es eine Möglichkeit gäbe, es ein wenig leichter zu machen.

Der Richter hob alle mit dem Fall verbundenen Gebühren auf, sagte dem Mann aber, er müsse trotz der Probleme, die er habe, dafür sorgen, nicht wieder in eine solche Situation zu geraten.

Der Mann ging aus dem Raum, um seinen Papierkram stempeln zu lassen und die Erlassung seiner Gebühren zu erhalten. Sein Engel folgte dicht dahinter mit einem breiten Grinsen auf seinem Gesicht.

Ich glaube nicht, dass das Rechtssystem perfekt ist. Ich glaube nicht, dass das Gerichtsgebäude, das ich besuchte, ein perfektes Beispiel für die Gerechtigkeit des Himmels war. Ich glaube nicht, dass der Richter perfekt war, aber ich denke, er versuchte, sein Bestes zu geben, um gerecht zu sein. Man könnte leicht denken, dass ein so großer und mächtiger Gerechtigkeitsengel wie der, den ich im Gerichtssaal sah, einer Art pauschaler Zustimmung zu allem und zu jedem, der dort arbeitet, gleichkäme. Ich kenne jedoch keine einzige Organisation, Firma, Schule oder Kirche, die perfekt wäre, und doch sehe ich regelmäßig Engel an all diesen Orten – manchmal Engel, die eine solche Autorität und Macht haben, dass sie meine Knie zittern lassen.

Dieser Engel der Gerechtigkeit, der im Gerichtssaal hinter dem Richter anwesend war, war kein Zeichen dafür, dass er alles bedingungslos unterstützte, was dort geschah, sondern es war ein Zeichen dafür, dass der Himmel den Versuch der Menschen, Gerechtigkeit auf der Erde zu schaffen, unterstützt. Das ist ein wichtiger Unterschied. Die Leute fragen mich oft, was ihre Engel tun, wenn sie schlechte Entscheidungen treffen oder wenn ihnen schlechte Dinge passieren. Die Frage wird oft mit dem Unterton „Warum tun sie nichts dagegen?" gestellt. Obwohl ich nicht behaupten kann, die genaue Art der Reaktion des Himmels auf jede Situation zu verstehen, hat mich die Erfahrung gelehrt, dass der Himmel eine Antwort für jedes Problem hat, das auf der Erde existiert, und diese Antwort ist die Grundlage für jedes dieser Probleme.

Die Gerechtigkeit des Himmels war für jeden einzelnen Fall präsent, der an jenem Tag, als ich dort war, vor den Richter kam.

Glaube ich, dass in jedem Fall perfekte Gerechtigkeit herrschte? Nein. Hätte ich gewusst, wie ich in all den Fällen, die ich an diesem Tag vor dem Gericht mitbekam, die vollkommene Gerechtigkeit des Himmels weitergeben kann? Definitiv nicht. Ich weiß nicht genau, wie perfekte Gerechtigkeit im Fall des streitlustigen Mannes ausgesehen hätte, der den Richter anschrie. Verdiente er es, dass seine Strafe verdoppelt wurde, weil er gemein und unhöflich war? Vielleicht. Wäre es die Gerechtigkeit des Himmels gewesen, die Gebühren für den unhöflichen Mann so zu streichen, wie es der Richter bei dem aufrichtigen Mann getan hat? Ich bin mir nicht ganz sicher.

Was ich weiß, ist Folgendes: Der Himmel hat für jedes Problem, mit dem wir es zu tun haben, eine Antwort. Wenn wir lernen wollen, wie man sieht und hört, was diese Antworten sind, dann müssen wir damit anfangen zu lernen, die Welt so zu sehen, wie Gott es tut. Ich weiß vielleicht nicht, wie eine vollkommene Gerechtigkeit in diesen beiden besonderen Fällen hätte aussehen sollen, die ich an diesem Tag miterlebte, aber ich wette, dass es für beide Männer eine viel bessere Chance gegeben hätte, dass ihnen eine vollkommene Gerechtigkeit zuteilwird, wenn sie zugehört hätten, was der Himmel dazu zu sagen hatte.

Nebenbei bemerkt war der Richter freundlich genug, meine Strafe für das Fahren ohne gültige Plakette zu halbieren. Das war angemessen, wenn man bedenkt, dass es mein Zögern war, das dazu führte, dass ich keine Mitfahrgelegenheit zu meinem Nebenjob fand, und dass es meine Entscheidung war, ein Fahrzeug mit einer abgelaufenen Plakette zu fahren.

Zum Weiterdenken

- Die geistliche Welt ist riesig und voller komplexer Details. Es gab noch einige andere Dinge, die ich im Geist in diesem Gericht sah, die ich in diesem Kapitel nicht erwähnt habe. Und es geschahen Hunderte von anderen Dingen im Geist, die nie meine Aufmerksamkeit erregten. Es gibt Aberdutzende von Details über die Dinge, die ich in diesem Kapitel erwähnt habe, ohne ausdrücklich auf sie einzugehen – wie etwa die aschefarbene Maske, die der Dämon, der auf das Papier blies, trug oder dass der Engel mit dem Samuraischwert gewebte goldene Roben mit roten, gestickten Details trug oder dass der wütende Mann durch das Fuchteln mit den Armen oft die Versuche seines Engels, ihn zu beruhigen und zu trösten, zunichtemachte. Was meinst du, warum in der geistlichen Welt so viel passiert?

- Was waren deiner Meinung nach die Hauptunterschiede zwischen dem streitlustigen und dem freundlichen Mann? War es ihr Charakter, ihre Stimmung oder ihr Hintergrund, wodurch ihre Fähigkeit, immuner oder weniger immun gegen dämonische Einflüsse zu sein, am meisten beeinflusst wurde?
- Wenn während des Verfahrens vor einem kleinstädtischen Gericht ein Gerechtigkeitsengel anwesend war, an welchen anderen Orten könnte ein Einfluss von Engeln dann ebenfalls vorhanden sein? Auf welche anderen Weisen könnte der Himmel bereits darauf vorbereitet sein, sich auf Erden auszubreiten?

KAPITEL 3

Erdnussbutter und Gelee, Ballett und Fußballtraining

Vor ein paar Jahren lehrte ich auf einer Konferenz in Südkanada. Nach der zweiten Veranstaltung kam eine Frau auf mich zu und bat um Gebet, genauer gesagt, ihre Familie brachte sie zu mir und bat um Gebet für sie.

„Das musst du natürlich nicht", sagte sie schnell, „aber ich wäre dir sehr dankbar. Aber du musst nicht."

Ich lächelte, legte meine Hand auf ihre Schulter und fing an zu beten. Ich hörte den Heiligen Geist sagen, wie dankbar er für ihr Herz war, welch großartiges Geschenk sie für jeden um sie herum gewesen war und wie gerne er Zeit mit ihr verbrachte. Ich gab diese Dinge weiter und beschrieb sie so klar wie möglich, obwohl es schwierig war, Worte zu finden, um die große Liebe zum Ausdruck zu bringen, die ich in mir für diese Frau empfand.

Nachdem ich mit dem, was ich zu sagen hatte, fertig war, sah die Frau zu mir hoch, seufzte und sagte: „Oh, gut." „Was bedeutet das?", fragte ich.

„Oh, es ist einfach ..." Sie hielt einen Moment inne und sagte dann: „Manchmal habe ich einfach das Gefühl, dass ich nicht genug für Gott getan habe, weißt du?"

In der Sekunde, in der sie das sagte, fühlte ich, wie sich die Liebe in meiner Brust in einen tiefen, stechenden Schmerz verwandelte. Er war so plötzlich und heftig, dass ich mich anstrengen musste, mir nichts anmerken zu lassen. Es dauerte nicht lange, aber das Gefühl der Traurigkeit, das darauf folgte, blieb einige Sekunden lang da. Es war keine Missbilligung oder Enttäuschung – nur Traurigkeit. Als ich die Traurigkeit spürte, begannen

Bilder durch meinen Kopf zu blitzen. Ich sah, wie die Frau hinter kleinen Kindern herjagte. Ich sah, wie sie Windeln wechselte und an Hausaufgaben arbeitete. Ich sah, wie sie fünf Sandwiches mit Erdnussbutter und Gelee auf einmal machte und Kinder zum Ballett und Fußballtraining fuhr. Ich sah, wie sie eine wunderbare Mutter für wunderbare Kinder war.

Ich erkannte, was passierte. Sie verstand nicht, wie wertvoll sie in Gottes Augen war, dass Gott sie auserwählt hatte, bevor sie überhaupt etwas für ihn tun konnte, und wie groß seine Liebe zu ihr war. Sie wusste alle diese Dinge natürlich, das konnte ich in ihren Augen sehen, aber sie verstand sie nicht. Ich kannte die Wahrheit und ich wusste, was ich sagen musste, aber auch ich verstand es nicht. Ich wusste, dass Muttersein eines der wertvollsten Dinge ist, die man für Gott tun kann. Ich wusste, dass Gottes Liebe auf sie schien, unabhängig davon, ob sie etwas für ihn getan hatte. Aber ich verstand diese Dinge nicht gut genug, um sie aus meinem Mund kommen zu lassen. Ich konnte spüren, wie schwach meine Reaktion war, die sich in meinem Bauch zusammenbraute. Ich konnte hören, wie hohl „Natürlich hast du genug für Gott getan" oder „Gott hat dich geliebt, bevor die Erde gegründet wurde" klingen würde, obwohl ich glaubte, dass diese Dinge wahr waren. Ich hätte ihr auch sagen können, wie sehr es das Herz Gottes schmerzte, dass sie das sagte, aber dann hätte sie sich mit ziemlicher Sicherheit noch schlechter gefühlt. Ich konnte die Traurigkeit spüren, die Gott bei ihrem Gedanken hatte, sie fühle sich, als habe sie nicht genug für ihn getan. Daran war überhaupt nichts Verdammenswertes; es war ihm einfach so wichtig, dass sie wusste, wie sehr er sie schätzte.

Die Pause in unserem Gespräch dauerte schon zu lange, und deshalb gab ich es auf, den richtigen Weg zu finden, um zu sagen, was ich fühlte. Ich nahm mir das am wenigsten kitschige und hohle Klischee vor, das mir möglich war, öffnete meinen Mund und wurde prompt abgeschnitten, als ihr Engel sich umdrehte, um mich anzusehen. Ich hatte ihre „Engelin" dort natürlich gesehen, aber ihr bis dahin keine große Aufmerksamkeit geschenkt. Sie hatte Elfenbeinhaut und war groß und elegant gekleidet. Sie hatte auch einen Blick von völliger Zufriedenheit und

Frieden auf ihrem Gesicht. Sie sah mir in die Augen, seufzte zufrieden und sagte: „Ich bin so dankbar, dass ich ihr zugewiesen wurde." Sie lächelte und fuhr fort: „Durch meine Zusammenarbeit mit ihr konnte ich alles sein, wozu der Vater mich geschaffen hat."

Ich erstarrte für einen Moment, weil ich von der Zuneigung, die ich in den Augen des Engels sah, so berührt war, dass ich es nicht gleich schaffte, das zu wiederholen, was sie gesagt hatte. Die Frau war genauso sprachlos, als ich es ihr schließlich mitteilte, aber sie erholte sich schnell und dankte mir, bevor sie mit einem riesigen Lächeln auf dem Gesicht wegging.

Als ich von dort wegging, begann ich darüber nachzudenken, wie schwer es für mich gewesen war, die Worte zu finden, um die Liebe Gottes auszudrücken, die er für diese Frau hatte. Wie konnte etwas, das ich so deutlich empfand, so schwer auszudrücken sein? Der Engel hatte einen Weg gefunden, genau das auszudrücken, was ich fühlte, und brauchte dazu weniger als ein Zehntel der Worte, die ich gebraucht hätte, um es nur armselig zu beschreiben. Ihr Engel konnte eine Facette der Güte Gottes offenbaren, die ich allein nicht hätte erkennen können.

Ich hatte mich immer gefragt, warum Gott sich die Mühe machte, Engel zu erschaffen. Sicher, ich war dankbar für sie. Ich hatte gesehen, dass sie Hunderte von wunderbaren Dingen taten, aber wenn es darauf ankam, konnte ich nicht herausfinden, warum sie notwendig waren. Gott ist Gott. Er ist allgegenwärtig, allmächtig und allwissend. Er ist überall, hat alle Macht und weiß alles. Durch das Opfer Jesu kann jeder eine direkte Beziehung zu Gott haben. Warum sollten wir angesichts dessen Engel brauchen?

Den ersten Teil der Antwort auf diese Frage bekam ich eines Tages beim Geschirrspülen. Der Heilige Geist stellte mir plötzlich eine Frage: „Wenn du mehr Geld hättest, als du jemals brauchen würdest, wenn jeder Mensch auf der Welt gerettet wäre, und wenn jeder Mensch genau wüsste, wie sehr Gott ihn liebt, was würdest du dann mit deinem täglichen Leben machen?"

Ich zerbrach mir das Hirn und versuchte verzweifelt, die richtige Antwort zu finden. Hunderte von möglichen Antworten, von sehr kitschig bis extrem dumm, strömten durch meinen Kopf, aber nichts, was sich irgendwie richtig anfühlte. Da ich das Gefühl hatte, dass ich viel zu lange brauchte, schnappte ich mir eine der kitschigen: „Ich würde, ähm ... einen Weg finden, dir zu dienen, Herr."

Der Heilige Geist wartete ein paar Minuten, bevor er antwortete, möglicherweise, um mich darüber nachdenken zu lassen, wie lasch meine Antwort war, und sagte dann: „Ist das, was du in deinem täglichen Leben tust, von einem Bedürfnis oder von deiner Beziehung zu mir bestimmt?

Ich stellte die Schüssel, die ich gerade spülte, ab, stellte das Wasser ab und setzte mich auf die Couch. Ich saß einige Minuten lang da und war ganz perplex, als ich erkannte, dass meine Sicht auf meine Beziehung zu Gott zum großen Teil irgendwie an ein Bedürfnis gekoppelt war.

Ich muss große Dinge für Gott vollbringen. Ich muss die Menschen über Gott lehren. Ich muss Gott dienen. Ich muss Gottes Plan folgen. Ich muss in Gott wachsen. Ich muss eine Gemeinde gründen, die der perfekten Struktur Gottes folgt.

Ich dachte nicht, dass dies notwendigerweise schlechte Bedürfnisse seien, aber etwas, das der Heilige Geist sagte, ließ das Gefühl der Dringlichkeit, das ich hinter diesen Bedürfnissen spürte, etwas fehl am Platz sein. Ich war plötzlich überwältigt von der Realität, dass Gott mich, wenn es darauf ankommt, überhaupt nicht braucht. Es gab nichts, was ich erreichen konnte, was er nicht besser und in kürzerer Zeit machen könnte. Er hatte keinen Mangel in sich, den ich würde stillen können. Gott brauchte mich überhaupt nicht. Die einzige Schlussfolgerung, zu der ich kommen konnte, war diese: Gott braucht mich nicht – Gott *will* mich.

Wenn wir unsere Beziehung zu Gott aus der Perspektive des Gebrauchtwerdens betrachten, dann werden wir jeden Teil unseres Umgangs mit Gott verzerren und verfälschen. Auf Bedürfnisse gegründete Beziehungen sind keine Beziehungen, sondern Allianzen – für beide Seiten vorteilhafte Geschäftsabschlüsse. Das ist nicht schlecht, aber weniger als das, wonach Gott für seine Kindern trachtet.

Wenn unsere Beziehung zu Gott bedürfnisorientiert ist, dann werden wir nur dann mit ihm reden, wenn wir etwas brauchen, bzw. nur so oft, dass es sich nicht unangenehm anfühlt, wenn wir ihn um etwas bitten. Unsere Erlösung wird zu nichts anderem als einer Fahrkarte in den Himmel, statt zur Voraussetzung für eine enge Beziehung mit dem Schöpfer des Universums.

Und wenn wir umgekehrt denken, Gott wolle eine Beziehung zu uns, weil er ein Bedürfnis hat, dann versuchen wir immer herauszufinden, was Gott von uns will. Wir sehen Gottes Plan für uns als eine Reihe von Marschbefehlen, die ohne Fehler befolgt werden müssen, statt als die Begeisterung eines Vaters, der so viel Potenzial in seinem geliebten Kind sieht. Wir sehen Sünde als eine lange Liste von Dingen, die wir wahrscheinlich gerne tun würden, aber nicht können, weil sie „gegen die Regeln" verstoßen, statt als Handlungen und Gesinnungen, die die Intimität zwischen dem Vater und uns beschädigen. Wenn wir Anbetung aus der Perspektive eines Bedürfnisses betrachten, dann wird sie eher zu einem Akt des Ablasses für eine narzisstische und unsichere Gottheit als zu einem Ausdruck der Intimität und Liebe für einen Vater, der intim und liebevoll ist.

Wenn wir Engel aus der Perspektive eines Bedürfnisses betrachten, dann liegt es nahe zu fragen, welchem Zweck sie dienen. Wie ich bereits erwähnt habe, ist Gott sicherlich mächtig genug, um alles zu erreichen, was ein Engel oder eine Armee von Engeln erreichen könnte. Wozu also diese himmlischen Diener? Warum brauchen wir sie überhaupt?

Sehen wir Engel stattdessen aus der Perspektive eines Gottes, der uns liebt und will, fangen wir an, ihre Bestimmung klar zu sehen.

Jeder Mensch, den ich bisher getroffen habe, hat einen persönlichen Engel. Diese Engel folgen uns überall hin. Sie beten für uns, beten mit uns an, beschützen uns und arbeiten mit den Plänen des Himmels für unser Leben zusammen. Aus welchem Grund auch immer werfen diese Engel vor allem die alte Frage auf: Wozu sind die Engel da?

Vielleicht liegt es einfach daran, dass persönliche Engel, aus Mangel an einem besseren Begriff, wie ein großer Luxus zu sein scheinen. Warum sollte jeder einzelne Mensch auf dem Planeten seinen eigenen persönlichen himmlischen Begleiter brauchen?

Schließlich ist Gott doch in jedem Teil unseres Lebens gegenwärtig und involviert, also welchen zusätzlichen Nutzen könnte ein persönlicher Engel bringen? Es ist nicht so, dass ich nicht dankbar wäre, aber einen persönlichen Engel zu haben, scheint einfach etwas übertrieben, ja sogar überflüssig zu sein.

Warum Gott sich entschied, jedem Menschen auf dem Planeten einen persönlichen Engel zur Verfügung zu stellen, fand ich kurz nach der Geburt meines ersten Sohnes heraus. Dabei entdeckte ich auch einen wesentlichen Teil von Gottes Absichten mit den Engeln.

April und ich waren seit etwas mehr als einem Jahr verheiratet. Wir hatten schon vor unserer Hochzeit über Kinder gesprochen, aber nun war es das erste Mal, dass wir wirklich Pläne machten, es zu versuchen. In dem Moment, als wir uns einig und bereit waren, eine Familie zu gründen, trat ein Engel in den Raum. Er war von mittlerer Größe, hatte braune Haare und angenehm blaue Augen und trug eine Krankenschwesterntracht, die aussah, als gehöre sie zum Set eines Films über den Zweiten Weltkrieg. Der Engel folgte April ständig während der drei Monate, die wir damit verbrachten, schwanger zu werden. Er folgte April, als sie schwanger war, und folgte ihr weiter, während ihre Schwangerschaft voranschritt. Ich sah oft, wie der Krankenschwester-Engel Aprils wachsenden Bauch mit einem weichen Tuch rieb oder wie er mit den Fingern durch ihr Haar strich, wenn sie ihre Morgenübelkeit hatte, oder ihren Rücken massierte, als das Gewicht unseres wachsenden Sohnes anfing, ihre Muskeln zu belasten.

Es ist üblich, dass ein besonderer Engel in Zeiten der Not oder in ganz speziellen Zeiten im Leben eines Menschen auftaucht. Ich sah oft einen oder zwei zusätzliche Engel, wenn jemand in einer Zeit der Trauer über den Verlust eines Familienmitglieds war, wenn jemand lernte, mit der zusätzlichen Verantwortung einer großen Beförderung oder eines neuen Unternehmens umzugehen, wenn junge Erwachsene zum ersten Mal aus dem Haus auszogen und während vieler anderer Zeiten mit großen Herausforderungen oder Veränderungen. So war ich nicht überrascht, dass der Himmel einen Schwangerschaftsengel schicken würde, um uns in dieser Zeit zu helfen. April und ich brauchten jede Hilfe, die wir bekommen konnten.

Der Schwangerschaftsengel folgte April weiterhin bis zum Tag der Geburt meines Sohnes. Er fuhr mit uns zum Krankenhaus, als ich mit 180 km/h fahren musste, um es rechtzeitig ins Krankenhaus zu schaffen. Er war bei uns während ihrer Wehen, als meine Emotionen wie wild zwischen aufgeregt, verängstigt, beschwingt und hilflos schwankten. Und er war mit uns in diesem unbeschreiblich gewaltigen Moment, als April Haydon zum ersten Mal in den Armen hielt.

Nachdem ich diesen Moment so lange genossen hatte, wie es das medizinische Personal zuließ, folgte ich Haydon, als er an den Untersuchungstisch gebracht wurde und die Krankenschwestern sich um April kümmerten. Als ich dort stand und auf dieses verschmierte, faltige und unglaublich schöne kleine Gesicht starrte, merkte ich plötzlich, dass der Schwangerschaftsengel neben mir stand. Er starrte den brandneuen kleinen Jungen genauso aufmerksam an wie ich.

Der Schwangerschaftsengel folgte mir, als ich Haydon zu einem anderen Raum begleitete, indem einige Test gemacht wurden. Er stand direkt neben dem kleinen Bettchen, als ich zum ersten Mal seine Windel wechselte. Er folgte Haydon den Rest des Tages und ließ nie mehr als ein oder zwei Schritte zwischen ihn und sich kommen.

Später in jener Nacht – nachdem die ganze Hektik des Besuchs von Onkeln, Tanten, Großeltern und Freunden abgeklungen war – lag April im Krankenhausbett fest eingeschlafen, während Haydon fest in dem kleinen Krankenhausbettchen schlief. Der Futon, auf dem ich schlief, schien speziell entwickelt worden zu sein, um anhaltende Rückenprobleme zu verursachen, sodass ich, obwohl ich völlig erschöpft war, nur schwer einschlafen konnte. Ich starrte meinen schlafenden Sohn an und fühlte mit jeder Sekunde immer stärker eine Liebe in mir aufsteigen, wie ich es noch nie erlebt hatte. Obwohl es sich anfühlte, als könnten meine Augen nicht genug von ihm auf einmal aufnehmen, konnte ich nicht anders, als meinen Blick immer wieder zu dem Engel hinschweifen zu lassen, der auf der gegenüberliegenden Seite von Haydons Bettchen stand. Er blickte mit absoluter Zuneigung auf ihn herab. Ich erkannte den Blick. Er spiegelte perfekt die gleiche überwältigende Liebe wider, die ich selbst empfand. Ich bin mir sicher, dass der Gesichtsausdruck des Engels meinem eigenen entsprach. Es war der, den ich hatte, als ich meinen neugeborenen Sohn ansah. Es war der, den ich hatte, als ich April ansah. Es war der Blick der Liebe, die Art von Liebe, die nur zwischen denen geschehen kann, die zusammengehören.

„Du bist kein Schwangerschaftsengel", sagte ich und schaute auf, um die Augen des Engels zu treffen. „Du bist sein Engel, nicht wahr?"

Der Engel blickte hoch, um meinen Blick zu erwidern, lächelte und nickte dann.

Ich konnte eine Hitze spüren, die in meiner Brust aufstieg. Damit einher ging eine Frage, die ich mir seit mehreren Jahren immer wieder sporadisch gestellt hatte. Was ist der Sinn von Engeln? Welchen Sinn hat ein persönlicher Engel?

Haydons Engel sah mich an, lächelte wieder und sagte dann: „Was ist falsch an der Vorstellung, dass der Vater es für richtig hielt, jemanden zu schicken, der dich jeden Tag liebt, solange du hier auf dieser Erde bist?"

Persönliche Engel tun eine Menge Dinge für uns. Sie beten für uns, bewachen uns und unterstützen uns – aber diese Dinge sind nicht der eigentliche Grund, dass sie da sind. Persönliche Engel existieren, weil Gott wollte, dass jeder Mensch auf diesem Planeten jemanden hat, dessen einziger Zweck darin besteht, ihn bzw. sie wirklich zu lieben. Alles, was sie tun, bringt das zum Ausdruck.

Ich habe inzwischen vier Kinder, und ich kann dir sagen, dass jeder ihrer Engel genau dann auftauchte, als April und ich beschlossen, es sei an der Zeit zu versuchen, ein weiteres Baby zu bekommen. Jeder dieser Engel folgte April in den Monaten, in denen wir versuchten, schwanger zu werden, während der gesamten Schwangerschaft und während jedes Schrittes ihrer Wehen, und dann ging er von ihr weg, um unserem neugeborenen Baby zu folgen.

Wenn wir bedürfnisorientiert, dann neigen wir dazu, zuerst nach der Aufgabe und erst dann nach dem Sinn zu suchen. Wir wollen wissen, was Engel tun und was wir tun sollen. Aber wenn wir die Perspektive der Liebe haben, dann erkennen wir, dass der hauptsächliche Sinn von allem, was wir im Geist sehen, darin besteht, ein Ausdruck der Liebe und Güte unseres himmlischen Vaters zu sein, und dass alles, was wir tun, dazu bestimmt ist, dieser gleichen Liebe zu entspringen.

Gott ist Liebe. Das wird uns in 1. Johannes 4,8 gesagt. Wenn wir im Geist sehen wollen und die Dinge verstehen wollen, die wir sehen, dann müssen wir lernen, alles durch die „Brille" der Liebe zu sehen. Das sind keine rosaroten Brillen. Ich bin kein Befürworter dessen, alles nur positiv zu sehen. Gottes Liebe ist real. Sie ist nicht so billig, dass man Schmerzen und Leid unter den Teppich kehren könnte. Aber seine Liebe ist gut. Sie ist vollkommen gut. Um die Chance zu haben, herauszufinden, wie gut sie ist, müssen wir bereit sein, seine Perspektive der Liebe einzunehmen. Wir müssen seine Liebe das Erste sein lassen, wonach wir suchen. Dies ist der beste Weg, um zu entdecken, wie viel von seiner Liebe uns umgibt und in jeden Teil unseres täglichen Lebens eingewoben ist.

Zum Weiterdenken

- Rufe dir einige der Geschichten von weiter vorne in diesem Buch ins Gedächtnis. Wie verändert sich deine Sicht auf diese Geschichten und das darin enthaltene Geschehen, wenn du anfängst, sie aus der Perspektive der Liebe zu betrachten?
- Zu lernen, die Dinge aus der Perspektive der Liebe zu betrachten, ist ein lebenslanger Prozess. Nimm dir etwas Zeit allein mit dem Herrn und bitte ihn, dir zu zeigen, wo und wie du deine Perspektive anpassen kannst. Wir alle haben Risse und Verwerfungen in verschiedenen Teilen unserer „Brille", aber hier sind ein paar Fragen, die dir beim Einstieg helfen können:

  1. Woran messe ich, ob ich erfolgreich bin oder nicht?
  2. Fühle ich mich Gott nah und mit ihm verbunden oder weit weg von ihm?

3. Was gibt mir das Gefühl, ihm nahe zu sein, wenn ich nahe bin?
4. Was gibt mir das Gefühl, von ihm getrennt zu sein, wenn ich getrennt bin?

KAPITEL 4

Aktivierung und Studium: Nach den Gaben streben

In dem Moment, als ich entdeckte, dass das Sehen im Geist eine Gabe war, war ich davon überzeugt, dass es eine Gabe war, die jedem Christen zugänglich sein sollte. Ich hatte keine biblische oder theologische Grundlage für diese Ansicht, zumindest nicht am Anfang; es war nur ein Gefühl, ein intuitiver Glaube, der mit der Auffassung einherging, dass die Dinge, die ich sah, die Folge einer Gabe Gottes waren. Aus diesem Grund war ich immer gerne bereit, Menschen die Hände aufzulegen, um zu versuchen, die Gabe des Sehens im Geist zu vermitteln. Im Alter zwischen zwölf und 22 Jahren betete ich für über dreihundert Menschen, dass sie die Gabe empfingen. Von diesen empfingen es allerdings nur zwei – zwei Leute begannen sofort und vollumfänglich mit ihren physischen Augen im Geist zu sehen, sobald ich ihnen die Hände aufgelegt hatte, aber alle anderen Versuche, die Gabe zu übertragen, hatten nicht den geringsten Erfolg.

Trotz einer Erfolgsquote von weniger als ein Prozent blieb meine Überzeugung, dass diese Gabe für jeden Christen frei zugänglich sein sollte, unerschüttert. Jede Woche sah ich Hunderte von Engeln. Jede Person, die ich traf, hatte ein ganzes „Ökosystem" an geistlicher Aktivität um sich herum. Überall, wo ich hinkam, geschah etwas im Geist – ganz unterschiedliche Dinge passierten gleichzeitig. Die Vorstellung, dass Gott eine so lebendige und solide geistliche Realität geschaffen hatte, aber nur einer kleinen Handvoll Menschen die Fähigkeit gab, sie zu sehen, ergab keinen praktischen Sinn, und vor allem passte sie nicht zu seinem Wesen als großzügiger Vater.

Obwohl meine Überzeugung nicht sterben wollte, wollten sich auch meine Erfolge nicht bessern. Ich hatte den Eindruck, dass mir etwas Wichtiges entging. Habe ich den Menschen die Hände nicht auf die richtige Weise aufgelegt? War es nicht die richtige Zeit, diese Gabe weiterzugeben? War ich als jemand, der seit seiner Geburt im Geist sehen konnte, schlecht geeignet, um anderen beizubringen, wie man es macht? Fehlte den Menschen, für die ich betete, der Glaube, der richtige Charakter oder eine andere wesentliche Eigenschaft? Ich konnte keine Antworten finden, und ich war mir nicht einmal sicher, ob ich überhaupt die richtigen Fragen stellte. Nach sieben Jahren mit zahlreichen Misserfolgen und minimalem Erfolg fand ich schließlich die richtigen Fragen.

Mit 19 Jahren besuchte ich die *Bethel School of Supernatural Ministry* in Redding in Kalifornien. Dort hörte ich von einer geistlichen Gabe, die ich selbst noch nie erlebt hatte: Heilung. Die Menschen in meiner vorherigen Gemeinde glaubten an Heilung; es gab sogar ein paar Zeugnisse von Menschen, die geheilt worden waren, aber sie waren selten, und ich hatte noch nie erlebt, dass jemand, für den ich gebetet hatte, geheilt wurde. Ich wusste, dass Bethel den Ruf hatte, dass dort zahlreiche übernatürliche körperliche Heilungen geschahen, und ich war neugierig, was sie dort taten, um so erfolgreich zu sein. Es dauerte nicht lange, bis ich das Geheimnis ihres Erfolgs erkannte. Schon nach wenigen Wochen sah ich zwei wesentliche Unterschiede zwischen dem, wie ich für Kranke gebetet hatte und wie sie bei Bethel für Kranke beteten.

Zunächst einmal beteten sie ständig für Menschen. Wahrscheinlich hatte ich für etwa zehn Menschen um Heilung gebetet, bevor ich nach Bethel kam. Bis zum Ende meines ersten Semesters in Bethel hatte ich für weit über hundert gebetet. Viele der Leiter in Bethel erzählten, dass sie für Hunderte von Menschen gebetet hatten, bevor sie ihre erste Heilung erlebten – dagegen häuften sich bei vielen von ihnen die Heilungen immer mehr, nachdem sie dieses erste Wunder erlebt hatten.

Zweitens verfolgten sie jede Heilung weiter. Wenn ich früher dafür betete, dass Menschen geheilt wurden, legte ich meine Hände auf sie, betete und fragte sie dann, ob sie sich besser fühlten. Dann sagten sie Nein oder etwas Höfliches, aber Unwahres, wie z. B.: „Ich glaube, ich fühle mich etwas besser." Dann schlurfte ich verlegen davon. Bei Bethel lehrten sie uns, mehrmals zu beten und die Leute zu fragen, ob sie etwas wie Hitze oder ein Kribbeln empfanden; des Weiteren lehrten sie uns, die Leute darum zu bitten, wenn möglich, die Verletzung sorgfältig zu testen. Auch sollten wir dafür sorgen, dass sie nicht den Druck verspürten, sagen zu müssen, etwas sei besser, wenn das nicht der Fall war. Und manchmal sei Heilung ein Prozess des Entdeckens. Jesus heilte selten mehr als einmal auf die gleiche Weise. Er betete sogar zweimal für einen blinden Mann, bevor dessen Sehvermögen vollständig zurückkehrte.

Diese beiden Änderungen im Gebetsstil veränderten meine persönliche Erfahrung mit Heilung dramatisch. Innerhalb weniger Monate erlebte ich, dass mehrere Menschen geheilt wurden, wenn ich für sie betete. Es dauerte nicht lange, bis ich erkannte, dass die Prinzipien, die ich über Heilung lernte, auch dafür gelten konnten, wie ich versuchte, die Gabe des Sehens im Geist zu vermitteln.

Meine Versuche, meine Gabe zu vermitteln, verliefen in der Regel ähnlich wie früher meine Versuche, Heilung freizusetzen. Ich legte meine Hände auf die Leute, betete ein einfaches Gebet und fragte sie dann, ob sie etwas sahen. Die Antwort war in mehr als 99 Prozent der Fälle immer die gleiche: Nein.

Doch im Geist beobachtete ich, wie alle Menschen, für die ich betete, die Gabe erhielten, im Geist zu sehen. Normalerweise erschien über ihnen eine kleine Öffnung, durch die ein helles Licht schien, während ein dünner Strom von goldenem Öl aus der Öffnung auf die Spitzen ihrer Köpfe strömte und dann über ihre Gesichter und in ihre Augen lief. Jede Person empfing diese Salbung, aber fast keine ging weg und konnte im Geist sehen. Nach jedem Gebet fragte ich, ob sie etwas sahen. Wenn sie Nein sagten, zuckte ich mit den Schultern, lächelte verlegen und sagte etwas Dummes wie: „Halte einfach weiter die Augen auf", weil ich nicht wusste, was ich sonst noch tun sollte. Entweder sahen die Menschen im Geist, oder nicht – was sollte man sonst tun?

Nach meinem ersten Jahr in Bethel wusste ich, warum niemand die Gabe erlebte, die sie erhielten, wie ich es beobachtet hatte: Ich vermittelte die Gabe des Sehens im Geist, aber ich lehrte die Menschen nicht, wie man die Gabe des Sehens im Geist entwickelt und damit umgeht. Aber wie konnten die Menschen das tun, wenn sie doch nichts sahen? Als ich eines Tages darüber nachdachte, ging es mir auf: Auch wenn die Menschen noch nicht im Geist sehen können, warum konnte der Heilige Geist ihnen nicht einfach sagen, was um sie herum passierte?

Ich kannte viele Dienste, die Menschen trainierten, Gottes Stimme zu hören und im prophetischen Dienst zu wirken. Wenn Gott den Menschen etwas über seine Pläne und die Herzen der Menschen mitteilen konnte, warum sollte es schwieriger für ihn sein, den Menschen zu sagen, was im Geist geschah?

Als ich zum ersten Mal eine Gruppe durch diese Übung führte – ein prophetisches Wort über das, was im Geist geschieht, zu empfangen –, beschrieben 80 Prozent der Menschen im Raum etwas im Geist, was ich mit meinen Augen sah. Sie sahen diese Dinge vor ihrem geistigen Auge oder als Eindruck und nicht mit ihren physischen Augen, aber das änderte nichts daran, wie überrascht ich über ihre unglaubliche Genauigkeit war.

Ich gab diese einfache Übung weiter, wann immer ich die Gelegenheit dazu hatte, inspiriert von der überraschenden Stetigkeit, mit der die Menschen die gleichen Dinge hörten, spürten oder fühlten, die ich sehen konnte. Wenn die Menschen diese Übung immer wieder praktizierten, dauerte es nicht lange, bis einige von ihnen anfingen, mit den Augen im Geist zu sehen. Nach so vielen fast erfolglosen Jahren, die Gabe weiterzugeben, die Gott mir gegeben hatte, wuchs schließlich das Sehen im Geist in anderen, und es wuchs schnell.

Gaben des Geistes

Es ist jetzt zwölf Jahre her, seit ich angefangen habe, den Menschen beizubringen, wie man die Gabe des Sehens im Geist entwickelt. In dieser Zeit habe ich mehr als genug Beweise gesehen, um meine Überzeugung, die ich schon immer hatte, zu erhärten: Im Geist zu sehen, ist eine Gabe, die eigentlich für jeden Christ verfügbar ist.

In diesem Aktivierungs- und Studienkapitel werde ich ein paar der Schlüssel skizzieren, die ich entdeckt habe, um die Gabe des Sehens im Geist in anderen freizusetzen. Aber bevor wir tiefer in das Sehen im Geist eintauchen, möchte ich noch einige Missverständnisse darüber auszuräumen, wie geistliche Gaben funktionieren. Ich bin auf viele Vorstellungen gestoßen, welche die Fähigkeit der Menschen, zu glauben, dass das Sehen im Geist und andere Gaben des Geistes für sie verfügbar sind, behindern.

1. Missverständnis: Jedem Menschen werden nur bestimmte geistliche Gaben gegeben und er erhält keine anderen.

Ich begegne ständig Leuten, die mir Fragen stellen, wie: „Kannst du sehen, welche geistlichen Gaben ich habe?“ oder: „Ich denke, ich könnte die Gabe der Prophetie haben. Kannst du es an mir sehen?“ Während die Gaben des Geistes in der Tat Gaben sind, da sie nur von Gott kommen können und wir sie nicht aus uns selbst produzieren können, offenbart die Vorstellung, uns seien nur wenige zugänglich, ein höchst falsches Verständnis von Gottes Großzügigkeit als Geber.

Ich glaube, dass jedem Christen jede geistliche Gabe zugänglich ist. Ich glaube auch, dass manche von uns ein natürliches Talent für bestimmte Gaben haben, so wie Menschen mit einem natürlichen Talent für Sport, Mathematik oder Malerei geboren werden. Zwar stimmt es, dass diese natürlichen Veranlagungen bestimmen werden, wie viel Aufmerksamkeit wir bestimmten Gaben geben, doch finde ich es absurd, wenn jemand davon ausgeht, dass ein Talent in einem Bereich uns von Talenten in einem anderen Bereich ausschließen sollte. Das ist so, als würde ich sagen, dass meine Begabung als Gitarrist ausschließt, dass ich schwimmen lernen kann, oder meine Fähigkeit, Schwimmer zu werden, stark einschränkt.

Obwohl es richtig ist, dass es manche Menschen viel leichter finden, im Geist zu sehen, als andere, bedeutet dies nicht, dass die Gabe nur für die einen und nicht für die anderen bestimmt ist – es bedeutet nur, dass jeder von uns eine einzigartige Entdeckungsreise für jede der Gaben Gottes hat. Viele Menschen, die zu großen öffentlichen Rednern werden, hatten von klein auf das Talent, in der Öffentlichkeit zu sprechen, während sich viele andere jahrelang durch Angst, Zweifel und Misserfolge kämpfen müssen, bevor sie zu großen öffentlichen Rednern werden. Die Naturtalente sind nicht zwangsläufig besser als die anderen; sie haben nur eine andere Geschichte.

Einige Leute benutzen einen Abschnitt in Römer 12 als Beweis dafür, dass jedem von uns nur eine oder ein paar wenige Gaben zugewiesen wurden.

> *Ich rufe daher aufgrund der Vollmacht, die Gott mir in seiner Gnade gegeben hat, jeden Einzelnen von euch zu nüchterner Selbsteinschätzung auf. Keiner soll mehr von sich halten, als angemessen ist. Maßstab für die richtige Selbsteinschätzung ist der Glaube, den Gott jedem in einem bestimmten Maß zugeteilt hat. Es ist wie bei unserem Körper: Er besteht aus vielen Körperteilen, die einen einzigen Leib bilden und von denen doch jeder seine besondere Aufgabe hat. Genauso sind wir alle – wie viele [und wie unterschiedlich] wir auch sein mögen – durch unsere Verbindung mit Christus ein Leib, und wie die Glieder unseres Körpers sind wir einer auf den anderen angewiesen. Denn die Gaben, die Gott uns in seiner Gnade geschenkt hat, sind verschieden. Wenn jemand die Gabe des prophetischen Redens hat, ist es seine Aufgabe, sie in Übereinstimmung mit dem Glauben zu gebrauchen. Wenn jemand die Gabe hat, einen praktischen Dienst auszuüben, soll er diese Gabe einsetzen. Wenn jemand die Gabe des Lehrens hat, ist es seine Aufgabe zu lehren. Wenn jemand die Gabe der Seelsorge hat, soll er anderen seelsorgerlich helfen. Wer andere materiell unterstützt, soll es uneigennützig tun. Wer für andere Verantwortung trägt, soll es nicht an der nötigen Hingabe fehlen lassen. Wer sich um die kümmert, die in Not sind, soll es mit fröhlichem Herzen tun* (Römer 12,3-8)

Ich kann verstehen, warum Menschen diese Verse mit dieser Sichtweise lesen, aber warum sollten wir dann in 1. Korinther 14 ermutigt werden, die geistlichen Gaben eifrig zu begehren?

> *Das soll also euer Ziel sein: ein Leben, das von der Liebe bestimmt wird. Bemüht euch aber auch um die Fähigkeiten, die uns durch Gottes Geist gegeben werden, und wenn ich das sage, denke ich vor allem an die Gabe des prophetischen Redens* (1 Kor 14,1).

Wir werden sogar ermutigt, einer besonderen Gabe nachzugehen: der Prophetie. Warum sollten wir aufgefordert werden, eine bestimmte Gabe anzustreben, wenn nur bestimmte Personen diese Gabe erhalten sollen?

Ich glaube nicht, dass Römer 12 sagt, dass nur bestimmte Menschen bestimmte Gaben erhalten. Ich glaube, es geht hier nur darum, anzuerkennen, dass keine Gabe an sich wertvoller ist als eine andere, dass jeder von uns diese Gaben auf eine andere Weise entsprechend dem von Gott zugewiesenen Maß des Glaubens zum Ausdruck bringt und dass die verschiedenen Formen, wie diese Gaben durch uns zum Ausdruck kommen, nicht an sich wertvoller sind als irgendeine andere Ausdrucksweise.

Vielleicht bist du nicht mit dem Talent oder der körperlichen Verfassung geboren worden, um ein Spitzenrennwagenfahrer zu sein, aber das bedeutet nicht, dass du dir nicht die Mühe machen solltest, das Fahren zu lernen. Denke an all die Freiheit, Freude und Möglichkeiten, die du verpassen würdest, wenn du so denkst. Im Geist zu sehen, ist vielleicht nicht eine der Hauptgaben, die zu praktizieren du berufen bist, aber das bedeutet nicht, dass du keinen Zugang zu all der Offenbarung, Klarheit und dem Frieden hast, die daraus entstehen können.

Unterschätze die Großzügigkeit unseres himmlischen Vaters nicht!

2. Missverständnis: Gewisse besondere Menschen erhalten gewisse besondere geistliche Gaben, die nicht für jeden bestimmt sind.

Manchmal fragen mich die Leute: „Blake, du kannst die ganze Zeit im Geist sehen. Du wurdest mit dieser Gabe geboren. Denkst du nicht, dass Gott sich einfach entschieden hat, dir eine besondere Gabe für einen bestimmten Zweck zu geben? Woher weißt du, dass jeder Zugang zu dem hat, was du hast?"

Zwar stimme ich damit überein, dass Gott souverän bestimmten Menschen besondere Gaben gibt, doch entstammt diese Frage einem Missverständnis darüber, warum Gott dies tut. Ich glaube, dass Gott bestimmten Menschen außergewöhnliche Gaben als Zeichen für das gibt, was für alle seine Kinder verfügbar ist.

Menschen mit einer erstaunlichen evangelistischen Gabe sind nicht nur berufen, Tausende von Menschen zum Herrn zu führen, sondern auch aufzuzeigen, wie es aussieht, wenn man von Gott befähigt ist, Menschen zum Herrn zu führen. Menschen mit einer herausragenden prophetischen Gabe sind nicht nur dazu berufen, anderen bedeutende Worte der Führung und Ermutigung zu geben, sondern auch dazu, die Art und Weise, wie wir mit Gott ständig im Gespräch sein können, zu offenbaren, die allen zur Verfügung steht, die eine Beziehung zu Gott haben. Menschen mit einer außergewöhnlichen Gabe der Freude sind nicht nur berufen, Freude in den Menschen freizusetzen, sondern auch dazu, ein Beispiel für die Freude zu sein, die für das Leben mit Gott normal sein sollte.

Die Bibel ist voller Beispiele für dieses Prinzip, aber ich kann mir nichts Klareres vorstellen als das Leben Jesu. Das Wort *Christus* bedeutet *Gesalbter.* Wenn es *ein* Beispiel für jemanden gibt, der eine besondere Gabe hatte, die nur für ihn bestimmt war, dann ist es doch sicher der Sohn Gottes, nicht wahr? Aber Jesus ging nicht nur herum und vollbrachte Wunder, damit die Menschen wussten, wer er war, sondern er rüstete auch seine Jünger aus, dasselbe zu tun. Ja, er sagte ihnen, sie würden noch größere Dinge tun als er (vgl. Joh 14,12). Jesus kam nicht nur, um uns zu erlösen, sondern ist auch unser Vorbild dafür, was es heißt, in einer Beziehung zu Gott zu leben; und dazu sind auch wir eingeladen.

Ich glaube, dass ich von Gott eine besondere Gabe erhalten habe; ich glaube aber auch, dass ich nicht spezieller bin als jeder andere, der vom König aller Könige „handgefertigt" wurde. Wir alle sollen in den Bereichen, zu denen uns Gott berufen hat, das Normalmaß weit übertreffen. Wir sollen auch gegenseitig von der Exzellenz der anderen profitieren. Auf diese Weise kann ein endliches Volk beginnen, das Wesen eines unendlichen Gottes zu offenbaren.

3. Missverständnis: Weil diese Gaben von Gott gegeben sind, sollte ich ein übernatürliches Wissen dafür haben, wie man sie benutzt.

Manchmal kommen Leute auf den Gedanken, dass die Gaben des Geistes automatisch mit einem Wissen einhergehen sollten, wie und wann sie anzuwenden sind. Dies ist aber nicht der Fall. Es gibt Dutzende von Beispielen in diesem Buch und auch in meinem vorherigen Buch, *Durch den Schleier sehen*, wie ich gerungen habe zu lernen, diese Gabe zu benutzen, obwohl ich damit geboren wurde.

Gott liebt den Prozess. Er wollte, dass das Leben wächst. Mose verbrachte vierzig Jahre damit, sich darauf vorzubereiten, sein Volk aus Ägypten herauszuführen. Elisa diente etwa acht Jahre unter Elia, bevor er den prophetischen Mantel aufhob und an Elias Stelle Prophet wurde. Zwischen der Zeit, als David zum König gesalbt wurde, und der Zeit, als er tatsächlich den Thron bestieg, lagen fünfzehn bis zwanzig Jahre. Sogar Jesus verbrachte dreißig Jahre damit, an Weisheit und Reife zuzunehmen (vgl. Lk 2,52), bevor er seinen öffentlichen Dienst begann.

Als Menschen müssen wir lernen, wie man alles tut – so wurden wir vom Schöpfer geschaffen. Wir müssen lernen zu krabbeln, zu gehen und zu rennen. Wir müssen lernen, wie man spricht, Anweisungen befolgt und Freunde findet.

Deine Hände sind eine Gabe Gottes. Sie können verwendet werden, um in hundert Sprachen zu schreiben, Meisterwerke zu malen, schöne Musik zu spielen, einen Ball mit unglaublicher Genauigkeit zu werfen und einen Freund zu trösten. Deine Hände hatten schon am Tag deiner Geburt alles, was sie brauchten, um all diese Dinge und mehr zu tun, aber zuerst konntest du sie nur zu einer Faust machen. Wenn du deine Hände lehrst, können sie einige oder alle der Dinge tun, die ich aufgeführt habe. Wenn nicht, dann können sie es nicht.

Gott hat all seinen Kindern in seiner Gnade Hunderte von geistlichen und physischen Gaben gegeben. Sie sind alle da und warten darauf, dass du lernst, sie zu benutzen. Obwohl manche ein natürliches Talent für bestimmte spezifische Gaben haben, müssen selbst sie lernen, wie man dieses Talent voll entwickelt.

4. Missverständnis: Versagen ist ein Zeichen dafür, dass ich keine besondere Gabe habe.

Es gehört zum Lernen dazu, dass man versagt. Als mein Sohn Laufen lernte, fiel er viele dutzende Male hin. Es wäre töricht gewesen, wenn ich zu dem Schluss gekommen wäre, das wiederholte Scheitern meines Sohnes sei ein Zeichen dafür, dass er wahrscheinlich einfach nicht zum Gehen bestimmt war. Im Alter von ein bis drei Jahren, als mein Sohn das Sprechen lernte, sprach er etwa 10 Prozent von dem, was er sagte, richtig aus. Es wäre töricht gewesen, meinem Sohn zu sagen, er solle besser aufhören zu reden, weil Gott ihm diese Gabe eindeutig nicht gegeben habe, da er die Menschen mit all diesen falsch ausgesprochenen Worten verwirre.

Wenn die Menschen lernen, im Geist zu sehen, fragen sie oft: „Was ist, wenn ich mir diese Dinge nur einbilde? Was ist, wenn ich es falsch mache? Was ist, wenn ich die Bedeutung hinter dem, was ich richtig sehe, nicht erkenne?" Meine üblichen Antworten auf diese Fragen sind, dass sie sich wahrscheinlich tatsächlich einen Teil davon nur vorstellen, dass sie es sicherlich von Zeit zu Zeit falsch machen werden und dass sie nicht immer die Bedeutung hinter dem, was sie sehen, genau erkennen werden. Wenn sie sich jedoch nicht mit dem Gedanken anfreunden können, beim Üben Fehler zu machen, werden sie nie in der Lage sein, den Unterschied zwischen ihrer eigenen Fantasie und der Stimme Gottes zu erkennen; sie werden nie die Gelegenheit haben, es richtig zu machen, und sie werden nie die Bedeutung dessen erkennen können, was sie im Geist sehen.

Mein Sohn konnte noch nicht gut gehen, als er anfing, und deshalb trainierte ich mit ihm weder am Rande eines Canyons noch in der Nähe einer belebten Autobahn. Ich ließ ihn in meinem Haus üben, wo ich den Couchtisch mit den scharfen Ecken entfernt hatte, einen dicken Teppich auf den harten Boden legte und ihm viele stabile Dinge zum Festhalten daließ. Ich blieb mit ihm im Raum, half ihm, sein Gleichgewicht zu üben, hob ihn hoch, wenn er fiel, und feierte mit ihm, wenn es ihm gelang.

Ich sage den Leuten nicht, sie sollten ihre Reise, nach der Gabe des Sehens im Geist zu streben, damit beginnen, dass sie einem

Fremden auf der Straße sagen, wie sein persönlicher Engel aussieht, oder indem sie während einer Mitarbeiterversammlung öffentlich ankündigen, dass sie auf Dämonen im Raum hinweisen werden. Ich ermutige die Leute, eine kleine Gruppe von Freunden zu finden, mit denen sie üben können. Ich sage ihnen, sie sollten damit anfangen, während eines Gottesdienstes oder zu Hause, beim Anhören von Anbetungsmusik, in den Geist zu schauen.

Zu erkennen, dass Scheitern zum Lernen dazugehört, versetzt uns in die Lage, daraus zu lernen, und erinnert uns daran, sichere Orte zu schaffen, an denen wir üben können.

Dies sind nur einige der häufigen Missverständnisse über die Gaben des Geistes, denen ich regelmäßig begegne. Sie scheinen einfach zu sein, und doch habe ich erlebt, dass viele Menschen ihre Fähigkeit, im Geist zu sehen, dadurch blockiert haben oder in vielen anderen Gaben operieren, dass sie an eine dieser Unwahrheiten glauben. Die Wahrheit ist einfach: Gott will, dass du im Geist siehst, weil er will, dass du siehst, was er tut. Das Sehen im Geist ist, wie bei allen Gaben des Geistes, ein Fenster zu seinem Wesen, und je mehr wir sein Wesen betrachten, desto einfacher wird es, es als unser eigenes anzunehmen.

Entwickeln und dranbleiben

Gott nachzujagen, ist ein Balanceakt. Der schnellste Weg, um geistlich zu wachsen, ist, mit dem, was Gott uns gegeben hat, vollkommen zufrieden zu sein, während wir heißhungrig danach sind, dass sich auch die Verheißungen, die für uns noch ausstehen, erfüllen. Wenn wir zu sehr mit dem zufrieden sind, was er uns bereits gegeben hat, können wir leicht in Selbstzufriedenheit verfallen und das volle Erbe, das Jesus für uns am Kreuz erworben hat, verpassen. Konzentrieren wir uns dagegen zu extrem auf die Verheißungen, die noch nicht erfüllt sind, können wir leicht müde und enttäuscht werden – und somit unserer Verbindung zu Gott schaden und möglicherweise unsere Fähigkeit begrenzen, von den Gaben, die er uns gegeben hat, zu profitieren.

Ich lasse meinen Sohn nicht mein Auto fahren. Nicht deswegen, weil ich seinem Urteilsvermögen oder seinem Charakter nicht traue. Er ist ein guter Lerner, aufmerksam, maßvoll vorsichtig und rücksichtsvoll. Er hat alle Charakterzüge, die ich mir von einem guten Fahrer wünsche. Es liegt nicht daran, dass ich denke, mein Auto sei zu schön oder zu schnell für ihn. Ich lasse meinen Sohn nicht mein Auto fahren, weil er erst sieben Jahre alt ist. Es ist noch nicht an der Zeit, dass er fährt – nicht, weil er einen Mangel hätte, sondern weil für ihn die Zeit zu fahren noch nicht gekommen ist. Er wäre kein erfüllterer, bedeutenderer oder wichtigerer Siebenjähriger, wenn ich ihn mein Auto fahren lassen würde. Egal, was er vorweisen kann, wenn ich dir sagen würde, dass ich mich von meinem Siebenjährigen jeden Tag zur Arbeit fahren lasse, würdest du wahrscheinlich die Polizei rufen.

Es ist leicht vorstellbar, dass es sein tägliches Leben sehr schmerzhaft machen könnte, wenn er sich auf das Fahren fixieren und es als Symbol für seinen Wert, sein Können oder meine Liebe zu ihm betrachten würde. Jeden Tag, wenn ich in das Auto steigen und irgendwo hinfahren würde, würde sich das für ihn wie eine Kränkung anfühlen. Er würde die vielen Leute sehen, die jeden Tag in Autos herumfahren, und sich fragen, was sie haben, was er nicht hat.

So offenkundig diese Illustration auch sein mag, es ist wichtig zu verstehen, dass es nur unsere gemeinsame kulturelle Perspektive ist, die den Gedanken absurd macht, dass mein Siebenjähriger verärgert ist, weil ich ihn nicht fahren lasse. Wir haben ein kulturelles und rechtliches System, das uns sagt, dass sieben zu jung ist, um zu fahren.

Mein Sohn hat kein echtes Verständnis für die kulturellen und rechtlichen Normen, die bestimmen, wann er alt genug ist und wann nicht. Er hat nur dann Vertrauen zu mir, wenn ich ihm sage, dass es noch nicht an der Zeit ist. Du und ich können alle Gründe, warum er noch nicht bereit ist zu fahren, voll und ganz verstehen. Es ist eine Frage der Reife – nicht, dass er unreif wäre; er ist in der Tat für einen Siebenjährigen sehr reif und klug. Doch ihm fehlt eine Art von Reife, die er im Alter von sieben Jahren nicht haben kann und wahrscheinlich auch nicht haben sollte. Es ist nicht falsch oder schlecht; es ist einfach noch nicht an der Zeit. Ich will, dass mein Sohn fährt. Ich bin gespannt auf den Tag, an dem ich mit ihm in ein Auto steigen und anfangen kann, es ihm beizubringen. Aber ich bin auch genauso begeistert von all den wunderbaren Dingen, die ich ihm bis dahin beibringen und mit ihm tun kann.

Ich weiß, dass ich diese banale Metapher auf die Spitze treibe, aber sie ist wichtig. Ich habe so viele Menschen getroffen, die sich selbst verrückt gemacht haben, weil sie herausfinden wollten, was sie davon abhielt, im Geist zu sehen oder in einer anderen geistlichen Gabe zu wirken. Es bricht mir das Herz, wenn Menschen ihre Verbindung zu ihrem himmlischen Vater wegen etwas beschädigen, das im Plan für ihr Leben so fest und klar dargelegt ist wie die Tatsache, dass mein Sohn irgendwann dazu in der Lage sein wird zu fahren. Ich weiß nicht immer, wie lange ein Weg ist, welche Art von Reife oder welches Detail zum Durchbruch führen wird, nicht mehr als ein Neun- oder Zehnjähriger die Art der Reife wirklich verstehen kann, die mein siebenjähriger Sohn braucht, um ein Fahrer zu werden. Die Wahrheit ist, dass es nichts gibt, was mein Sohn tun könnte, um seine Zeit des Fahrens früher herbeizuführen.

Wir müssen darauf vertrauen, dass Gott mehr sieht als wir. Er freut sich auf den Tag, an dem wir wirklich alles erben, was sein Sohn für uns am Kreuz erworben hat, und dass er sich über jeden Schritt auf unserem Weg dorthin freut. Ich sage nicht, dass wir unsere Fähigkeit, in den Gaben des Geistes zu wirken, nicht auch beschneiden könnten. Mein Sohn könnte sicherlich anfangen, Entscheidungen zu treffen und Charakterzüge zu entwickeln, die mich zweifeln lassen könnten, ob er bereit wäre, einen Führerschein zu besitzen. Ich kann ihm sogar verbieten, seinen Führerschein zu machen, falls diese Entscheidungen oder Eigenschaften schlimm genug wären; aber ich würde mich nicht für einen sehr guten Vater halten, wenn ich es nicht klar und deutlich machen würde, warum ihm dieses Privileg genommen wurde und wie er es zurückbekommen kann.

Gott ist treu darin, uns zu allem Guten zu führen, das er für uns hat. Wenn dem etwas im Weg steht, wird er es dir sagen.

Wenn nicht, dann bist du vielleicht noch auf dem Weg; vielleicht bist du genau dort, wo du im Moment sein sollst.

Was tust du in der Zwischenzeit? Um meine kleine Metapher noch einen Schritt weiterzuführen: Was wäre, wenn mein siebenjähriger Sohn überaus begeistert über den Tag wäre, an dem er Auto fahren darf? Was wäre, wenn er jeden Tag davon träumen würde, Rennfahrer zu werden? Was wäre, wenn es eines seiner höchsten Ziele wäre, ein guter Fahrer zu werden? Nun, als guter Vater würde ich dieses Thema nutzen, um mich mit ihm zu verbinden. Ich würde ihm Spielzeugautos in allen Größen kaufen. Ich würde ihn die hochwertigsten Renn-Videospiele spielen lassen. Ich würde ihn zu Autoausstellungen mitnehmen, ihm Motoren erklären, ihn mit mir am Familienauto arbeiten lassen, mit ihm über das Fahren sprechen und mit ihm vom Fahren träumen. Ich würde mehr über Autos lernen, nur um ihm mehr beibringen zu können. Und Gott ist ein viel besserer Vater als ich.

Die folgende Übung lehre ich seit über zwölf Jahren. Es handelt sich nicht um eine patentierte Drei-Stufen-Methode, die dich in drei Wochen oder weniger garantiert zu einem echten Seher macht. Es ist ein Weg, sich mit deinem Vater in Bezug auf das Sehen im Geist zu verbinden. Es ist eine Möglichkeit, mit Spielzeugautos zu spielen und an dem Familienauto zu arbeiten, während du von dem Tag träumst, an dem du fahren kannst. Wie ich bereits sagte, wird es dich nicht automatisch zu einem Seher machen, aber es wird dich auf den Tag vorbereiten, an dem du anfängst zu sehen, und wird dich in der Zwischenzeit weiter mit dem Geber aller guten Gaben verbinden.

Übung

Zumindest was die ersten Versuche angeht, empfehle ich, während der Anbetung in einem Gottesdienst zu üben. Ein Gottesdienst ist ein großartiger Ort, um zu lernen, im Geist zu sehen. Es gibt viele Ebenen von Dingen, die vor sich gehen, es ist einfacher, sich auf Gottes Gegenwart zu konzentrieren, wenn andere dasselbe tun, und vieles, was im Geist während eines Gottesdienstes geschieht, ist sehr intuitiv und leicht zu verstehen.

Normalerweise versuche ich, einen Platz im hinteren Teil des Raumes zu finden, wo ich einen guten Überblick über den Raum habe. Ich beginne damit, dass ich mich die ersten paar Minuten ganz der Anbetung widme. Ich möchte sicherstellen, dass ich nicht nur einer Routine folge, sondern mich auf Gott und das, was er im Raum tut, einlasse. Sobald ich mich dann bereit fühle, benutze ich folgenden Ablauf, um mich vom Herrn darin führen lassen, was er mir zeigen will. Diese Übung benutze ich auch, wenn ich andere lehre, nach der Gabe des Sehens im Geist zu streben.

1. Schließe deine Augen und frage den Heiligen Geist, wohin du schauen sollst.

Du fühlst dich vielleicht sofort zu einem bestimmten Ort hingezogen, wie z. B. dem Platz vor der Bühne oder der Stelle hinter einem der Lobpreisleiter. Vielleicht hast du ein Bild von einem bestimmten Punkt im Raum vor deinem geistigen Auge. Möglicherweise hast du nur einen schwachen Eindruck, der dich zu einer eher allgemeinen Stelle zieht. Wenn der Heilige Geist mir etwas zeigen will, spüre ich häufig ein sanftes Ziehen, als würde mein Gleichgewicht leicht in eine bestimmte Richtung kippen. Der Herr spricht zu jedem von uns anders, sodass er dich dazu bringen kann, auf beliebige Weise irgendwo hinzuschauen. Was auch immer du tust, denke nicht darüber nach. Wenn du dir nicht sicher bist, wo du suchen sollst, dann wähle einfach eine Stelle aus. Dies ist einer der Gründe, warum ich einen Gottesdienst als ersten Übungsort empfehle. Du wärst überrascht, wenn du wüsstest, wie viel im Geist jedes Mal geschieht, wenn wir anbeten. Man könnte wirklich fast überall hinschauen. Denke daran, dass es besser ist, es zu versuchen und zu versagen, als in den Details steckenzubleiben.

2. Öffne deine Augen, schaue auf die Stelle und bitte den Heiligen Geist, dir zu zeigen, was da ist.

Suche nach großen Dingen und suche nach kleinen Dingen. Es gab Leute, die gleich beim ersten Versuch mit ihren physischen Augen im Geist sehen konnten. Einige Leute sehen etwas Großes und Dramatisches; wenn dir das passiert, dann freue dich darüber.

Viele Menschen sehen kleinere Dinge, wie z. B. eine Welle in der Luft, einen kurzen Lichtblitz oder Lichtstreifen oder einen verschwommenen, leuchtenden Umriss; wenn du so etwas siehst, dann freue dich ebenfalls. Viele der geistlichen Dinge, die ich heute regelmäßig deutlich sehe, erschienen nur als vage Umrisse oder Lichtblitze, als ich sie zum ersten Mal sah. Oftmals führt das Verstehen zu weiterer Klarheit, aber manchmal kommt diese Klarheit erst nach Wochen oder Monaten des Übens.

Wenn du mit deinen physischen Augen nichts siehst, dann verliere bitte nicht den Mut. Bitte den Heiligen Geist, dir zu sagen, was dort passiert, wo du hinschaust. Vielleicht siehst du ein Bild vor deinem geistigen Auge, spürst einen Eindruck oder hörst eine kurze Beschreibung in einer leisen Stimme. Es mag sich nicht so befriedigend oder bedeutsam anfühlen, einen Eindruck oder ein Bild davon zu bekommen, was im Geist geschieht, aber hier können wir unsere Fähigkeit einüben, mit dem, was Gott jetzt tut, zufrieden zu sein, während wir weiterhin das verfolgen, was er versprochen hat.

Eine reife Gabe des Sehens im Geist erfordert viel Vertrauen zwischen dir und Gott. Wir lernen, dieses Vertrauen zu entwickeln, wenn wir lernen, seine Stimme zu hören. Selbst wenn du noch nicht mit den Augen siehst, investierst du in eine Beziehung, die die Grundlage jeder geistlichen Gabe sein wird, in der du für den Rest deines Lebens wirken wirst.

3. Bitte den Heiligen Geist, dir zu erklären, was du siehst.

Dies ist ein einfacher, aber sehr wichtiger Teil des Prozesses. dein Verständnis dafür entwickelt, wie die geistliche Welt funktioniert; du wirst in die Lage versetzt, die Dinge, die du siehst, auf gute Weise zu nutzen und ihren Zweck klar zu erkennen. Stelle dem Heiligen Geist viele Fragen. Warum steht dieser Engel so da? Warum hält er einen Stab? Warum ist der Stab aus Gold? Warum ist darauf ein Muster von Blättern eingeätzt? Du kannst trotzdem Fragen stellen, auch wenn du nicht viele Details siehst. Warum bewegte sich dieser Lichtstreifen von der Decke zum Boden und nicht umgekehrt? Warum schwankt dieses verschwommene Licht im Takt der Musik hin und her? Warum kann ich diesen Engel nur aus dem Augenwinkel sehen? Du bekommst vielleicht nicht alle deine Fragen beantwortet – vielleicht bekommst du überhaupt keine Antworten –, aber du wirst deine Fähigkeit üben, mit dem Heiligen Geist über das, was du siehst, zu sprechen.

Ich habe Hunderte von Menschen in dieser Übung angeleitet und eine große Vielzahl von Ergebnissen gesehen. Manche sahen sofort echte offene Visionen von Engeln mit Schriftrollen, die handschriftliche Botschaften vom Vater enthielten, während andere diese Übung ein Dutzend Mal mit wenig oder gar keinem Ergebnis ausprobiert haben. Manche sahen Engel für einen Moment, und im nächsten Moment waren sie wieder weg. Andere sahen und spürten nichts, aber als sie nach Hause kamen, sahen sie in ihrem Schlafzimmer einen Engel stehen.

Die Ergebnisse dieser Übung variieren bei den ersten Versuchen der Leute immer wieder stark. Ich habe jedoch festgestellt, dass ein Muster entsteht, wenn sie diese Übung fortsetzen und zu Hause, im Gottesdienst, während der Fahrt oder sonst wo den Gedanken haben zu schauen. Sie beginnen, mehr mit ihren Augen zu sehen. Es wird einfacher, mit dem Heiligen Geist über die Dinge, die sie sehen, zu sprechen. Und schon bald wird das Sehen zu einem normaleren Teil ihres Lebens.

Die Erfahrungen sind immer unterschiedlich. Einmal traf ich ein Mädchen, das dieser Gabe eine Woche lang fleißig nachging. Sie machte diese Übung viermal täglich und fing dann am Ende der Woche an, mit ihren physischen Augen im Geist zu sehen. Ich kenne einen Mann, der diese Übung drei Jahre lang mehrmals in der Woche machte – er überprüfte das, was er spürte, wann immer er die Chance dazu hatte, indem er mich fragte, ob ich sehen würde, was er spürte. Nach drei Jahren hartnäckigen Dranbleibens begann er plötzlich, mit seinen physischen Augen im Geist zu sehen.

Ich weiß nicht, wie lange oder wie intensiv du dieser Gabe nachjagen wirst, bevor du sie erlebst, aber ich weiß, dass für alle, die sie erhalten haben und die ich kenne, der Weg genauso wertvoll war wie das Ziel, denn es ist ein Weg, den du mit deinem Vater gemeinsam gehen darfst.

Zusätzliche Übung

Wie bereits gesagt, empfehle ich, die ersten Male während eines Gottesdienstes zu üben. Das ist ein sicherer Ort, an dem es leicht ist, sich auf das zu konzentrieren, was Gott tut, und es gibt eine Vielzahl von Dingen, die dabei geschehen. Wenn du dieser Gabe jedoch auch darüber hinaus nachgehst, dann bin ich mir sicher, dass du bald hungrig nach mehr Abwechslung in deinen Übungen sein wirst. Deshalb folgen hier noch ein paar weitere Aktivierungen und Übungsideen, die ich im Laufe der Jahre benutzt habe.

Du kannst dieselbe Grundtechnik anwenden, die ich skizziert habe, aber denke daran, dass es hier mehr darum geht, dass du lernst, mit dem Heiligen Geist zusammenzuarbeiten, als einer Formel zu folgen. Es sind auch einige Fragen dabei, die dir helfen sollen, nachzudenken und in die richtige Richtung zu schauen. Vielleicht bist du nicht gleich in der Lage, die Antworten auf all diese Fragen zu erkennen oder zu sehen, aber sie werden dir helfen, dein Gespräch mit dem Heiligen Geist zu leiten.

Gebet

Gehe zu einer Gebetsversammlung oder veranstalte eine bei dir zu Hause. Übe zu sehen, was im Geist geschieht, während die Leute beten. Welche Art von Dingen wird dabei freigesetzt? Wie verändern sich diese Dinge, wenn sich der Ton und der Fokus des Gebets verschieben? Wie ändern sich die Dinge im Geist, wenn bestimmte Personen beten? Wie sieht es aus, wenn Einzelpersonen beten, im Vergleich dazu, dass eine ganze Gruppe betet?

Bibelkreis

Gehe zu einem Bibelkreis oder veranstalte einen bei dir zu Hause. Schaue, was im Geist passiert, wenn Menschen gemeinsam die Bibel studieren, wenn sie die Bibel still für sich lesen oder wenn sie sich über das Gelernte austauschen. Wie verändert sich die geistliche Aktivität im Raum, wenn Menschen von einem lockeren Gespräch zum Bibelstudium übergehen? Was geschieht im Geist um eine Person herum, wenn sie still die Bibel liest? Was passiert im Geist, wenn jemand einen Abschnitt laut liest? Wie verändert sich die geistliche Atmosphäre, wenn Menschen sich über einen bestimmten Abschnitt austauschen? Wie reagieren die Engel, wenn die Schrift gelesen wird?

Persönliche Engel

Dies kann eine gute Möglichkeit sein, sowohl in der Gruppe als auch allein zu üben. Versuche einfach, den persönlichen Engel einer Person zu finden. Wo steht der Engel der Person in Beziehung zu ihr? Welche Farbe hat seine Kleidung? Wie verhält er sich (z. B. feierlich, energisch, friedlich, freudig, freundlich)? Was tut der Engel?

Kirche / Haus

Kirchen und Häuser haben oft Engel, die immer am gleichen Ort bleiben oder sich auf einem einheitlichen Weg in diesem Bereich bewegen. Gehe von Raum zu Raum und suche nach allen Engeln, die anwesend sind, sowie nach allen anderen geistlichen Objekten. Gibt es einen Teil des Gebäudes, der mehr geistliche Aktivität hat als andere Teile? Welche Arten von Engeln findest du (z. B. Anbetungsengel, Schutzengel, heilende Engel)? Wie verändert sich die geistliche Atmosphäre, wenn du von Raum zu Raum gehst?

Das sind natürlich alles nur Vorschläge. Du könntest das Sehen im Geist genauso gut in einer öffentlichen Bibliothek, in einer Zahnarztpraxis, im Lebensmittelgeschäft oder auf der Autobahn während eines Staus üben, aber die hier aufgeführten Orte sind einige der besten, um zu starten.

Zuletzt möchte ich noch einmal betonen, wie hilfreich es ist, eine Gruppe zu finden, mit der man üben kann, oder zumindest einen guten und erfahrenen Freund, der dir ein ehrliches Feedback zu deinen Gedanken und Erfahrungen gibt. Jede geistliche Gabe soll im Kontext von Gemeinschaft und gesunden Beziehungen funktionieren, und es liegt in unserer persönlichen Verantwortung, eine gesunde geistliche Gemeinschaft zu finden und uns in diese zu integrieren.

Dies ist einer der Gründe, warum ich die letzten zehn Jahre meines Lebens damit verbracht habe, in einer Schule des Dienstes zu dienen, ähnlich der, die ich mit neunzehn Jahren besuchte. Mein Leben wurde durch das Wachstum, das ich dort erlebt habe, völlig verändert. Es gibt ein beschleunigtes Wachstum, wenn Menschen aus der ganzen Welt zusammenkommen, um eine gewisse Zeit ihres Lebens dem Streben nach Identität in Christus und der Ausbreitung seines Reiches zu widmen. Ich habe noch nirgendwo sonst etwas in der Art erlebt.

Du musst nicht auf eine Schule wie die *Bethel Atlanta School of Supernatural Ministry* gehen, um diese Art von Umgebung zu finden; du musst lediglich Menschen finden, die hungrig sind und gemeinsam nach seinem Königreich trachten. Ob das im Zusammenhang mit einer Schule des Dienstes, mit einer prophetischen Gruppe oder einer wöchentlichen Lobpreisnacht mit einer Gruppe von Freunden geschieht, wichtig ist, dass du Leute findest, mit denen du das gemeinsam tun kannst. Du brauchst sie, und sie brauchen dich.

Sehen-im-Geist-Übung, Tag 1285

Ich ging frustriert und niedergeschlagen in den hinteren Teil der Kirche. Ich hatte mich zum dritten und letzten Mal entschieden, nie wieder über das Sehen im Geist zu sprechen. Ich sah einfach keine Möglichkeit, etwas Gutes daraus zu machen. Wenn ich den Leuten von den Engeln erzählte, die ich sah, stellten sie mir hundert Fragen, die ich nicht beantworten konnte. Wenn ich ihnen von den Dämonen erzählte, die ich sah, wurden sie wütend oder bekamen Angst. Die Hälfte der Dinge, die ich sah, war zu abstrakt oder unklar, um nützlich zu sein. Die andere Hälfte war klar, da ich sie auf eine ziemlich normale Weise sehen und beschreiben konnte, aber ich verstand nur zu einem geringen Teil, warum die Dinge da waren und was sie taten.

Ich ließ mich auf meinen üblichen Platz in der hinteren Reihe fallen, verschränkte die Arme und blickte finster drein. Eine Masse aus flüssigem Licht oszillierte langsam über der Bühne, während das Anbetungsteam eine sanfte Melodie spielte. Das Licht war teilweise bläulich-grün, teilweise rötlich-gelb und in der Mitte violett-orange.

„Großartig", dachte ich, „hier ist eine weitere abstrakte, verwirrende und nutzlose geistliche Sache, ein weiteres Ding, das ich nicht verstehe und nicht beschreiben kann."

Ich hatte bereits zweimal aufgegeben, die Dinge mitzuteilen, die ich sah, weil ich überzeugt war, dass es mehr Verwirrung als Weisheit brachte. Und zweimal hatte ich mich nach ein paar Monaten schuldig gefühlt, weil ich mir sicher war, dass Gott wollte, wenn er mir schon diese Gabe gegeben hatte, dass ich sie zum Wohl anderer Menschen einsetzte. Aber egal, wie sehr ich es versuchte, fand ich es schwierig, die Dinge, die ich klar und deutlich sah, mitzuteilen und etwas Sinnvolles in ihnen zu sehen. Sicher, die Leute waren ermutigt, wenn ich ihnen sagte, dass Engel tanzten, während sie die Anbetung leiteten, und sie schienen sich ein wenig sicherer zu fühlen, wenn ich beschrieb, welche Art von Engel über sie wacht, aber das war's dann auch schon.

Der frustrierendste Teil war, dass sich nichts von dem, was ich sah, verwirrend anfühlte, wenn ich es sah. Auch wenn ich die

Natur oder den Sinn von etwas nicht verstand, fühlte ich doch, dass hinter jeder Sache ein Wesen und ein Sinn stand. Wann immer ich jedoch versuchte, dieses Gefühl zu erklären, war es, als würden meine Worte leer und leblos zu Boden fallen und nichts von der Schönheit und Vitalität kommunizieren, die ich spürte, wenn ich diese Dinge sah.

Selbst als ich den bläulichen, rötlichen, violetten Lichtfleck über der Bühne sah, verstand ich ihn nicht, aber einem Teil meiner Seele war er tief vertraut. Als ich mich auf dieses Gefühl konzentrierte, fielen meine Augen plötzlich auf eine ältere Frau, die in der ersten Reihe saß. Sie war ganz vornübergebeugt, sodass ihr Gesicht und ihre gefalteten Hände auf den Boden gerichtet waren, während sie zum Klang der Musik sanft hin und her wiegte.

Dann tauchte ein Gedanke auf – nicht von vorne in meinem Kopf, sondern von irgendwo hinten. Meine Gemeinde hatte eine wunderbare und große Vielfalt von Lobpreisleitern. Aus diesem Grund war die Anbetung eines der Dinge, für die sie bekannt war. Aus dieser Stärke heraus hatte sich in der Kultur der Gemeinde eine gewisse Denkweise entwickelt. Es war nichts, was jemand direkt sagte, nur ein Glaubenssystem, das sich im allgemeinen Gruppenbewusstsein entwickelte. Wenn ich diese Denkweise beschreiben wollte, wäre es ungefähr so: Echte Anbeter tanzen, singen laut oder heben zumindest die Hände.

Als ich die Frau betrachtete, die gebeugt dasaß, hatte ich deshalb den Gedanken im Hinterkopf: „Ich schätze, sie ist nicht wirklich damit beschäftigt, Gott anzubeten"; es war aber kein so klarer Gedanke, mehr ein Gefühl. In der Sekunde, in der sich dieses Gefühl in meinem Kopf festsetzte, spürte ich jedoch, wie die Überführung des Geistes an den Muskeln in meinem Brustkorb zerrte.

Ich sah die Frau genauer an, und als ich es tat, sah ich direkt durch sie hindurch. Ich konnte jeden Knochen und jedes Organ in schimmernden, lichtdurchlässigen Schichten sehen, ähnlich einem Röntgenbild. Wenn ich meinen Kopf neigte oder mich vor und zurück lehnte konnte ich verschiedene Teile sehen – Brustkorb, Lunge, Leber. Dann fiel mir etwas auf, als ihr Herz in den

Fokus rückte. Ein kleiner Lichtklecks oszillierte durch die vier Kammern ihres Herzens und floss im perfekten Rhythmus mit jedem Herzschlag. Als ich näher hinsah, erkannte ich, dass es sich um einen bläulichen, rötlichen, violetten Lichtfleck handelte.

Meine Augen schnellten zurück in den Bereich über der Bühne, wo sich eine perfekte, aber überdimensionale Nachbildung des Lichts im Herzen der Frau im exakt gleichen Muster und Rhythmus hin und her bewegte. Ich schaute mich im Raum um und fand eine genaue Kopie des Musters von Licht und Farbe im Herzen jeder einzelnen Person im Raum. Dann sprach der Heilige Geist mit kristallklarer Stimme zu mir: „Ich synchronisiere ihre Herzschläge mit meinen."

Ich fühlte mich schuldig, weil ich die Frau verurteilt hatte, aber dieses Gefühl fühlte sich klein an im Vergleich zu dem Verständnis von Gottes Güte und Gegenwart, das dadurch entstand, dass ich sah, wie er sein Volk in eine tiefere Begegnung mit ihm hineinführte. Den Rest des Gottesdienstes saß ich mit einem breiten Lächeln auf meinem Gesicht da. Es war überraschend befriedigend zu sehen, wie etwas so schwer Fassbares und Abstraktes plötzlich und vollständig mit so viel Bedeutung gefüllt wurde. Ich dachte an all die frustrierenden und verwirrenden Momente, die auftraten, wenn ich versuchte, die Dinge, die ich sah, mit anderen Menschen zu teilen. Vielleicht sollte ich ja die Dinge, die ich sah, mit anderen Menschen teilen, aber ich konnte es einfach nicht. Egal wie sehr ich es versuchte, ich konnte meine Worte nicht mit der Freude, dem Trost und der Offenbarung erfüllen, die von allem kam, was ich sah. Selbst wenn ich versuchte, über etwas so Einfaches und Friedliches zu berichten, wie das sich sanft bewegende Licht über der Bühne und wie es das Herz aller im Raum beeinflusste, wusste ich, dass nichts von dem Frieden, den ich empfand, sich vom Sehen auf Worte übertragen ließ.

Diesmal traf ich meine Entscheidung aus einer Entschlossenheit, nicht aus einer Frustration heraus. Ich würde nicht mehr darüber reden, im Geist zu sehen. Ich konnte nicht guten Gewissens weitergeben, was ich sah, wenn ich nicht gleichzeitig die Güte, den Frieden und die Liebe, die ich dabei empfand, übermitteln konnte.

TEIL II

Gott im Himmel

Gott ist überall. Seine Hand berührt alles. Nirgendwo und niemand ist außerhalb seiner Reichweite. Er hat einen perfekten Plan für alles und jeden. Er hat Hoffnungen und Träume für uns, die über unsere kühnsten Träume hinausgehen.

Wie kann ich dann – ein normaler Mensch mit eigenen Bedürfnissen und Ambitionen, einer Familie, die ich lieben und versorgen soll, und vielen Rechnungen, die zu bezahlen sind – die Pläne und Ziele Gottes verfolgen? Woher weiß ich, dass ich in die richtige Richtung gehe? Wie kann ich zu diesen großen und weitreichenden Plänen etwas Sinnvolles beitragen? Inwiefern geht Gottes perfekter Plan auf meine Verletzungen und Schmerzen ein?

In diesem Teil des Buches findest du Geschichten darüber, wie Gott uns offenbart, wer er ist, wie er uns einlädt, an seinen Zielen auf der Erde mitzuwirken, und wie wir damit beginnen können, zu erleben, dass alle Hoffnungen und Träume Gottes wahr werden. Achte darauf, wie sich Gottes Ziele durch sein Handeln offenbaren und wie du eine neue Perspektive für dein Leben und dein Potenzial entwickeln kannst.

KAPITEL 5

Wunden

Eines Tages hatte ich mit meiner Frau April einen Streit. Es war nichts Ernstes, und keiner von uns war besonders verärgert; wir waren uns nur nicht einig.

Als unsere Diskussion weiterging, kam mir plötzlich ein Satz in den Sinn. Ich wusste sofort, dass es nicht richtig war, das zu sagen. Es war natürlich nichts Schreckliches, aber es war weder produktiv noch freundlich. Ich wusste das, aber als sich unser Gespräch weiter im Kreis drehte, bestand irgendeine Stelle in meinem Hinterkopf darauf, es wäre doch wirklich befriedigend, den Satz zu sagen, obwohl er gemein war. Bevor also der bessere Teil in mir die Oberhand gewinnen konnte, warf ich ihr diesen Satz an den Kopf.

Sofort sah ich, dass ein kleiner Schnitt auf der Wange meiner Frau erschien. Er war klein, nur etwa 5 cm lang, aber tief genug, dass ein Tropfen Blut herauskam.

„Mist", sagte ich und war schockiert.

„Was?", fragte April, verwirrt von der plötzlichen Änderung meines Tonfalls.

„Das hätte ich nicht sagen sollen."

„Ach, kein Problem", sagte sie und winkte mit der Hand.

„Nein", bestand ich darauf und beobachtete, wie der Blutstropfen über die Seite ihrer Wange lief, „es war nicht in Ordnung. Ich hätte das nicht sagen sollen, und es tut mir sehr leid, dass ich es getan habe."

Sie lächelte und sagte: „Es ist OK. Ich vergebe dir."

Der Blutstropfen lief wieder zurück ihre Wange hoch und der Schnitt versiegelte sich selbst und hinterließ überhaupt keine Spuren.

Überall wo ich hinkomme, sehe ich geistliche Wunden an Menschen. Von kleinen Verletzungen, wie sie durch meine unfreundlichen Worte an meine Frau verursacht wurden, bis hin zu den tiefen und sich wiederholenden Wunden durch lebenslange Traumen oder Missbrauch, sind Wunden ein unvermeidlicher Faktor des Lebens auf Erden.

Ich sehe Wunden an fast jedem, den ich treffe. Sie unterscheiden sich stark im Schweregrad und in der Menge. Einige erscheinen geschwollen und infiziert, Anzeichen dafür, dass sich Bitterkeit und Unversöhnlichkeit durchzusetzen beginnen. Einige sehen gepflegt und sauber aus, Zeichen, dass die Person zulässt, dass Gott sie zur Heilung führt. Manchmal bleiben nur Narben übrig, ein Zeichen dafür, dass die Erinnerung an den Schmerz, den die Wunde verursacht hat, noch sehr lebendig ist, obwohl die Wunde nicht mehr vorhanden ist.

Wir alle erleben Wunden, aber wir erleben sie nicht alle auf die gleiche Weise. Ich habe gesehen, wie etwas Einfaches, z. B. dass jemand, der beim Vorbeigehen im Gottesdienstraum nicht grüßt, zu einer eitrigen und so schweren Wunde heranwachsen kann, dass sie jeden Tag das Leben des Betroffenen beeinträchtigt. Ich habe gesehen, wie etwas Schweres, wie z. B. mehrere Affären oder eine schmutzige Scheidung, durch die Bereitschaft des Verletzten, seine Wunden der Fürsorge des Heiligen Geistes anzuvertrauen, vollständig in eine Krone der Herrlichkeit verwandelt wurde.

Ich weiß nicht, was die Antwort Gottes auf jeden Schmerz ist, der in dieser Welt existiert, aber ich habe genug über sein gütiges Wesen gelernt, um darauf zu vertrauen, dass er eine Lösung für jeden einzelnen Schmerz hat. Ich bin auch genug mit meiner eigenen Natur vertraut, um zu wissen, dass ich seine Güte – und wie sie auf Leid reagiert – nicht sehen werde, wenn ich nicht bereit bin, das Risiko einzugehen, darauf zu vertrauen, dass er so gut ist, wie er sagt, dass er es ist.

Als ich auf dem College war, hatte ich zwei Freunde, die sich sehr ähnlich waren. Sie waren beide etwa gleich groß und gleich alt, hatten die gleiche Haarfarbe und sogar den gleichen Vornamen. Ich werde den einen Jack und den anderen John nennen.

Jack und John hatten auch sehr ähnliche Hintergründe. Beide hatten Väter, die fast nie anwesend waren, die sie aber körperlich und verbal missbrauchten, wenn sie mal da waren. Beide hatten Mütter, die manipulativ, kontrollierend und instabil waren. Beide sprachen kaum noch mit jemandem in ihrer Familie. Beide hatten hart daran gearbeitet, die Wunden ihrer Vergangenheit zu überwinden.

Jack und John heirateten innerhalb weniger Jahre, und beide erlebten, dass ihre Hochzeiten durch gewalttätige Ausbrüche von Mitgliedern ihrer kaputten Familien fast ruiniert wurden. Sowohl Jack als auch John heirateten jung und hatten Schwierigkeiten, sich an das Eheleben anzupassen. Ab diesem Zeitpunkt verlief das Leben von Jack und John jedoch sehr unterschiedlich.

Jack und seine Frau zogen bei den Eltern seiner Frau ein, während sie beide ihren Abschluss machten. Jack war oft überwältigt, wie anmaßend die Eltern seiner Frau waren. Sie mischten sich in jeden Konflikt zwischen Jack und seiner Frau ein, hielten immer zu ihr und verunglimpften ihn. Er begann schnell, sich zu verschließen und möglichst Konflikte zu vermeiden. Es hatte keinen Sinn, zu streiten, wenn er ständig in der Unterzahl war.

Jedes Mal, wenn ich ihn sah, konnte ich neue geistliche Schnitte und blaue Flecken auf Jack feststellen. Auch wenn es in seiner Ehe kaum noch Konflikte gab, schadeten die unterdrückten Emotionen noch mehr als die ständigen Kämpfe. Bald darauf wollte Jack nicht einmal mehr mit mir über die Probleme in seiner Ehe sprechen. Er schloss alle aus. Vielleicht schämte er sich, dass seine Beziehung nicht so gut lief wie die Beziehungen in seinem Umfeld. Vielleicht dachte er, es würden besser werden, wenn er sich einfach ändern würde, um den Erwartungen und Bedürfnissen seiner Frau und ihre Familie gerecht zu werden. Ich weiß es nicht; er hat es mir nicht gesagt. Aber ich beobachtete, wie sich die Wunden auf seinem Gesicht, seinen Armen und seinem Hals von Woche zu Woche immer mehr entzündeten.

Auch John hatte ein hartes erstes Ehejahr. Der Schmerz und das Chaos, die seine Erziehung kennzeichneten, waren kein Vorbild dafür, wie gesunde Beziehungen aussehen. Er überreagierte häufig auf kleine Dinge, die seine Frau sagte und tat, obwohl sie ihn nicht verletzen wollte. Kleine Missverständnisse steigerten sich zu stundenlangen Konflikten, die John und seine Frau erschöpften und ihnen die Freude an ihrer Beziehung raubten.

Fast jeden Tag sah ich neue geistliche Wunden an John, aber an seinen Wunden bemerkte ich etwas anderes. Obwohl sie zahlreicher und oft schwerer waren als die, die ich auf Jack sah, verschwanden Johns Wunden genauso schnell wieder, wie sie aufgetaucht waren. Jedes Mal, wenn ich Jack sah, hatte er neben seinen infizierten Schnitten und Prellungen ein paar neue Verletzungen. Jedes Mal, wenn ich John sah, waren die alten Schnitte weg und durch neue ersetzt.

Als ich John fragte, wie es ihm gehe, sagte er, obwohl es immer noch schwierig sei, hätten er und seine Frau schnell einen Seelsorger aufgesucht, um ihnen zu helfen. Sie suchten sich auch Mentoren und geistliche Mütter bzw. Väter, die sie ermutigten und ihnen weisen Rat geben konnten. Nach ein paar weiteren Monaten merkte ich, dass ich immer weniger Wunden an John sah. Ja, ich sah sogar, dass einige der Narben, die noch von den Schmerzen seiner Kindheit stammten, langsam verschwanden.

Jacks und Johns Leben liefen weiter auseinander. Schließlich brachte Jacks Schmerz ihn dazu, sich auf eine Affäre einzulassen. Diese schwierige Situation veranlassten Jack und seine Frau, sich ein Jahr lang darauf zu konzentrieren, ihre bröckelnde Ehe in Ordnung zu bringen. Sie fingen an, sich seelsorgerlich beraten zu lassen, und die Dinge entwickelten sich besser. Aber leider sehe ich immer noch, dass die alten Wunden seiner Kindheit und die neuen Wunden seiner Ehe jeden Tag seines Lebens beeinflussen, bis heute.

John und seine Frau vertieften dagegen weiter ihre Beziehung. Sie haben drei Kinder und arbeiten gemeinsam im Vollzeitdienst. Sie sind nicht perfekt und es gibt immer noch Herausforderungen, aber ich sehe, dass sie diese überwinden, und auch, dass die Wunden, die von diesen Problemen herrühren, immer wieder geheilt werden.

Wir alle haben unterschiedliche Hintergründe und stehen vor unterschiedlichen Herausforderungen. Man kann leicht seine eigene Geschichte oder aktuellen Herausforderungen mit denen anderer vergleichen und das Gefühl bekommen, dass es die anderen leichter haben. Ich kann sogar das Leben meiner beiden Freunde betrachten und Umstände herausfinden, die Johns Situation einfacher machten als die von Jack. Aber ich weiß, dass das nicht der Grund ist, warum Johns Leben immer besser geworden ist, während Jacks Leben weiter zerbröckelt.

Wir können nicht immer kontrollieren, ob wir geistliche Wunden empfangen, aber wir können kontrollieren, wie wir auf sie reagieren. Wir können uns entscheiden, uns vor erneuten Verletzungen zu schützen – indem wir Menschen auf Abstand halten, unsere Bedürfnisse unterdrücken und Verletzungen vermeiden –, aber das bereitet nur den Boden für noch mehr Schmerz.

Jacks Kindheit prägte sein Weltbild. Seine Wunden lehrten ihn, was er von den Menschen erwarten konnte. Weitere Wunden verstärkten diese Erwartungen nur und führten dazu, dass er leicht weiter verletzt werden konnte.

Auch Johns Kindheit prägte sein Weltbild. Aber als dieses in seiner neuen Ehe Leid verursachte, suchte John nach Hilfe. Er fand Mentoren und geistliche Mütter und Väter. Er fand weise Berater. Er fand Menschen, die ihm halfen, die in seiner Kindheit entstandenen Sichtweisen zu korrigieren. Er verbrachte Zeit in der Gegenwart Gottes und ließ sich vom Herrn eine Sicht schenken, die mehr von seiner tiefen Güte als von Wunden und Schmerzen geprägt war.

Wir alle können wählen, wie wir auf Verletzungen reagieren. Wir können uns entscheiden, an unseren Wunden festzuhalten und sie bestimmen lassen, wie wir das Leben sehen sollen, oder wir können uns entscheiden, unsere Wunden Gott abzugeben und ihn bestimmen lassen, wie wir das Leben sehen sollen. Vielleicht brauchen wir Hilfe beim Lernen, wie wir es Gott abgeben können. Das ist in Ordnung. Was auch immer nötig ist, es lohnt sich zu lernen, wie man die Heilung empfängt, die Gott für jeden von uns hat. Egal wie schwer oder ungerecht die Verletzungen in deinem Leben sind, Gott hat jedes Mal einen perfekten Plan für eine perfekte Wiederherstellung.

Zum Weiterdenken

- Wie beeinflussen deiner Meinung nach Verletzungen unsere Wahrnehmung unseres Umfeldes, sowohl des physischen als auch des geistlichen?
- Wenn du zurückblickst: Reagierst du auf Schmerzen eher wie Jack oder eher wie John?
- Wie, meinst du, denkt Gott über die Verletzungen und Wunden, die wir im Laufe unseres Lebens erleben?

Kapitel 6

Gott und Schmerzen

Vor einigen Jahren sprach ich auf einer Konferenz im Osten von Texas. Ich hatte gerade eine lange Frage-und-Antwort-Sitzung beendet und musste dringend aufs WC, als eine Frau auf mich zukam, die Hände vor sich gefaltet.

„Entschuldigung", sagte sie mit leiser Stimme. „Ich habe noch eine Frage, wenn das in Ordnung ist."

„Sicher", sagte ich und schaute ihr über die Schulter, um zu sehen, ob das WC in dieser Richtung lag.

„Nun, es ist eigentlich keine Frage, schätze ich." Sie rieb sich die Hände und ließ ihren Blick zwischen mir und dem Boden hin und her schweifen. „Wie macht man …? Wie kann ich …"

Ich richtete meine Aufmerksamkeit wieder auf sie und erkannte, dass sie versuchte, die Tränen zurückzuhalten.

Auf einmal holte sie tief Luft und fragte: „Könnten Sie einfach für meine Tochter beten?"

„Klar", antwortete ich. „Ist sie heute hier?"

„Ja. Ähm, nein. Ähm, sie wird später am Nachmittag hier sein." Sie biss sich auf die Lippe. „Es war nur eine schwere Zeit für unsere Familie, wissen Sie. Wir waren immer eine normale Familie. Normal, wissen Sie."

„Ich würde gerne für sie beten", sagte ich und war sehr neugierig, wollte ihr aber keine weiteren Sorgen bereiten. „Kommen Sie einfach zu mir, bevor die nächste Sitzung beginnt, und ich werde für sie beten."

„OK. Danke", sagte sie und ging mit Tränen in den Augenwinkeln davon.

Ich suchte weiter nach einem WC und eine gewisse Vorahnung beschlich mich.

Ich wirke in meiner Gabe nun schon seit zehn Jahren öffentlich, und in dieser Zeit habe ich aus vielen verschiedenen Gründen für viele Menschen gebetet. Im geistlichen Dienst zu stehen, führt meist dazu, dass man ein sehr breites Spektrum an menschlichen Erfahrungen kennenlernt. Ich treffe regelmäßig Menschen, die gerade ihre größten Siege feiern, ihre größten Misserfolge analysieren oder sich der harten Realität ihrer größten Tragödien stellen. Manchmal treffe ich am selben Tag Menschen in allen drei Situationen. Glücklicherweise habe ich schnell gelernt, dass ich nicht für die Lösung aller mir gestellten Probleme verantwortlich bin. Ich bin dafür verantwortlich zu sagen, was Gott sagt, und zu tun, was Gott tut.

Aus diesem Grund bin ich selten von den Problemen überwältigt, mit denen die Menschen konfrontiert sind. Ich bin schon oft mitten in unmögliche und überwältigende Situationen geraten und Gott hatte immer etwas zu sagen – weniger zu erwarten, würde meiner Erfahrung mit ihm nicht gerecht werden. Dennoch hinterließ der zitternde Schmerz, den ich hinter den Augen der Frau sah, eine Angst, die ich anscheinend nicht abschütteln konnte.

Später an diesem Abend ging ich zurück in den Hauptsaal, in dem die Konferenz stattfand. Die Anbetungsband spielte bereits. Die Frau, mit der ich gesprochen hatte, war nirgendwo in Sichtweite, so setzte ich mich auf einen Platz im hinteren Teil des Raumes und wartete. Ein paar Minuten später spürte ich ein Klopfen auf meiner Schulter.

„Also, meine Tochter sagte, es sei ihr recht, wenn Sie für sie beten", sagte die Frau und versuchte, leise genug zu reden, um nicht belauscht zu werden, aber laut genug, dass ich sie trotz der Musik hören konnte, „aber sie will nicht hier hereinkommen." „OK", sagte ich leicht verwirrt.

„Ich habe sie aber überredet, ins Foyer zu kommen." „OK", sagte ich und war noch etwas verwirrter.

„Wissen Sie", sagte sie mit leicht brechender Stimme, „ich weiß einfach nicht, wie viel ich Ihnen sagen soll."

Ich sagte: „Ein wenig Hintergrundwissen wäre wohl hilfreich, denke ich."

„Nun ... äh, dann ...“ Sie holte tief Luft. „Darf ich es Ihnen im Foyer sagen? Dann werde ich sie holen.“ „OK“, sagte ich und folgte ihr in das Foyer.

„Also, Anfang des Jahres traf meine Tochter diesen ... jungen Mann“, sagte die Frau, als sich die Tür zum Saal schloss und die Musik der Anbetungsband dadurch gedämpft wurde. „Mein Mann und ich waren nicht gerade begeistert von ihm, aber er schien nett genug zu sein.“

Sie fuhr fort, mir zu erzählen, dass er ihrer Tochter immer wieder teure Geschenke kaufte und sie zu extravaganten Dates mitnahm; dass ihre Tochter angefangen hatte, sich aus dem Haus zu schleichen, um mehr Zeit mit diesem Kerl zu verbringen; und dass jedes Mal, wenn sie versuchte, mit ihrer Tochter darüber zu reden, wie wenig ihr diese Beziehung gefiel, ihre Tochter wütend wurde oder das Gespräch abrupt beendete.

Sie erzählte mir, dieser Mann habe schließlich ihre Tochter entführt und sie in die Welt des Menschenhandels hineingezogen. Sie schilderte mir die Qual, die ihre Familie erlebte, als die Polizei nach ihrer verlorenen Tochter suchte; dass jeder Tag eine Achterbahnfahrt der Hoffnung und Enttäuschung, des Zorns und der Trauer war; und dass es der Polizei nach drei Monaten endlich gelang herauszufinden, wo ihre Tochter hingebracht worden war, und sie zurückzubringen.

Sie erzählte mir, wie dankbar sie waren, sie zurückzuhaben, aber während sie das tat, konnte ein Teil von mir nicht anders, als darüber nachzudenken, wie viel Schlimmes in drei Monaten passieren konnte.

„Es war einfach nur hart, wissen Sie“, sagte sie und wischte ihre Tränen weg. „Wir haben sie zurück, aber sie ist einfach nicht mehr dieselbe. Ich meine, wie kann das sein? Sie ist erst fünfzehn.“ Ein weiterer Tränenstrom schnitt ihre Stimme ab.

Meine Arme und Beine fühlten sich wie taub an. Ich war völlig still gewesen, als sie ihre Geschichte erzählte, und konnte keine angemessene Antwort finden. Mein Herz schmerzte. Mein Verstand raste. Ich dachte immer wieder an meine eigene Tochter – darüber, wie ich mich fühlte, wenn sie sich die Knie aufschürfte oder jemand in der Schule gemein zu ihr war. Ich hatte Angst, mir überhaupt vorzustellen, wie ich mich fühlen würde, wenn ihr etwas Ähnliches passieren würde.

„Ich kann nicht sagen, wie leid es mir tut", sagte ich schließlich. „Ich würde gerne für sie beten." „OK", sagte sie und machte sich nicht mehr die Mühe, die Tränen abzuwischen. „Ich hole sie."

Ich war voller Angst, als sie den Raum verließ. Mein Herz raste. Mein Verstand schmerzte. Was konnte ich überhaupt Hilfreiches sagen? Wie konnte ich anders als herablassend erscheinen, wenn ich in die Tiefe eines Traumas hineinsprach, das so viel tiefer war, als ich es selbst je erlebt hatte?

Leute haben manchmal Angst, wenn sie mich treffen, meist, weil sie besorgt sind, dass ich einen schrecklichen Dämon oder eine geistliche Wunde an ihnen sehe. Obwohl ich diese beiden Dinge häufig sehe, führt das fast nie dazu, dass ich über sie urteile. In Wahrheit ist es so, dass, wenn man wirklich und ehrlich den Schmerz und die Folgen des Schmerzes in anderen sieht, dies das reinste Mitgefühl und das tiefste Mitleid auslösen.

Da ich das wusste, wollte ein feiger und erbärmlicher Teil von mir nicht sehen, was dieses Mädchen durchgemacht hatte. Ich hatte Angst, ihre Wunden zu sehen, Angst, Mitgefühl und Empathie für solche Qualen zu empfinden. Ich wusste, dass es nicht mein Job war, sie wiederherzustellen. Ich wusste, dass ich es nicht konnte. Ich wusste, dass ich lediglich hören musste, was Gott zu sagen hatte, und ich wusste, dass er sprechen würde, aber ich hatte trotzdem Angst.

Plötzlich sprangen die Türen auf, und vor Schreck schaltete ich meine Fähigkeit, im Geist zu sehen, völlig ab, als die Frau hereinkam. Ihre Tochter war hinter ihr, und es war ein Freund der Familie bei ihnen, der seine Hand zärtlich auf den Rücken des jungen Mädchens gelegt hatte.

Die Angst, die mich durchströmte, verschwand im Nu, und wurde durch einen langsamen, tiefen Schmerz ersetzt. Alles am Gesichtsausdruck und der Körperhaltung des jungen Mädchens schrie vor tiefster Qual. Ihre Augen gingen ständig zwischen dem Boden, der Decke und irgendwo in der Ferne hin und her und trafen nie auf meine. Sie kreuzte ihre Arme vor sich, dann fuchtelte sie mit ihren Händen vor sich herum und trat mit jedem Atemzug von einem Fuß auf den anderen.

Ein tiefes Einfühlungsvermögen tauchte in meiner Seele auf. Es war tiefer als das Mitgefühl eines Pastors und noch tiefer als das eines Vaters gegenüber seiner eigenen Tochter. Es kam vom Grund meines Herzens – ein Mensch, der fähig ist Schmerzen zu spüren, erkennt, dass ein anderer Mensch Schmerzen empfindet. Jeder Teil von mir wollte helfen, aber keiner davon wusste, wie.

„Hier ist sie", sagte ihre Mutter und bemühte sich, heiter zu klingen. „In Ordnung", sagte ich. „Beten wir einfach."

Ich bat Gott, seine Wahrheit in dem Raum freizusetzen und uns alle zu befähigen, seine Stimme klar zu hören.

Es war schmerzhaft, die junge Frau anzusehen, selbst ohne im Geist zu schauen. Die Angst schrie durch meinen ganzen Körper – dieses intensive Gefühl, mich nicht noch mehr dem Schmerz aussetzen zu wollen, den ich bereits fühlte. Aber Mut – von woher, weiß ich immer noch nicht – erhellte das Zentrum meines Herzens und erinnerte mich daran, dass, selbst wenn ich nur ein einziges Körnchen Ermutigung oder Hoffnung für dieses Mädchen hatte, es jeden Schmerz wert war, den ich erleben würde, wenn ich es ihr gab.

In dem Wunsch, locker zu bleiben, blickte ich auf den Boden, schaute im Geist und kam dann zu dem Schluss, dass es einfacher wäre, wenn ich mit ihren Füßen beginnen und mich nach oben vorarbeiten würde, anstatt meine Gabe zu aktivieren, während ich sie direkt anschaute. Ihre Wunden waren so ernsthaft, dass das Blut, das über ihre Beine lief, ihre beiden grauen Halbschuhe füllte. Der Schmerz, den ich empfand, als ich sie im Natürlichen betrachtete, verdoppelte sich, dann verdreifachte er sich. Es war so intensiv, dass es mich aus dem Gleichgewicht brachte. Jedes andere Gefühl wurde angesichts solch unmöglicher Schmerzen abgeschaltet.

Ich presste meine Augen zusammen, unfähig, mit dem Leid umzugehen. Es begrub alles unter sich, aber es löschte den in der Mitte meines Herzens flackernden Mut nicht aus. Noch bevor ich zweifeln oder denken konnte, riss ich beide Augen weit auf und schaute ihr direkt ins Gesicht.

Selbst während ich das jetzt schreibe, stockt mir der Atem beim Gedanken an das, was ich sah.

Sie war perfekt!

Sie war in jeder Hinsicht absolut perfekt – ohne einen einzigen Makel. Sie sah so perfekt aus wie meine eigene Tochter am Tag ihrer Geburt. Es gab keinen einzigen Kratzer und keine Schramme an ihr. Mit ihr war alles in Ordnung.

Ich war fassungslos. Ich war perplex, verwirrt. Im Physischen konnte ich sehen, wie sie umherschaute, wie sie sich vor Schmerz von mir abwandte. Sie war verletzt. Sie hatte Schmerzen. Aber sie war perfekt. Sie war unversehrt. Alles war in Ordnung.

Ein Teil von mir konnte den Schmerz noch spüren. Er war weit weg. Ich musste mich auf ihn konzentrieren, um zu spüren, dass er noch da war. Es war, als würde er von ihrer schieren Vollkommenheit übertönt werden. Da wurde mir klar, was passierte. Ich sah sie, wie Gott sie sah.

Es war unbegreiflich – es war sowohl größer als auch kleiner, als ich in Worte fassen kann. Er vertuschte den Schmerz nicht. Er versteckte ihn nicht und versteckte sich auch nicht davor. Es fühlte sich tatsächlich so an, als wäre er mittendrin, als würde er ihn mehr spüren als ich und sogar mehr als sie. Er verdeckte ihn nicht. Er war einfach besser als der Schmerz – nicht ihm überlegen oder über ihm, nicht zu stark für ihn, nur besser. Er konnte irgendwie im Zentrum all dieser Schmerzen sein und gut bleiben.

Es war keine Fälschung. Es war nicht wie ein Make-up über einem blauen Fleck. Er sah sie wirklich als das Vollkommenste und Schönste, was es je gegeben hatte, und gleichzeitig sah er jeden Moment von allem, was geschehen war. Irgendwie war seine Güte besser als all die Dunkelheit.

Mein Verstand war nicht fähig zu verstehen, was ich sah. Ich konnte die Diskrepanz zwischen dem, was ich im Physischen sah, was mein Mitgefühl schrie und der Wahrheit, wie Gott die Situation sah, nicht in Einklang bringen. Ich wusste nicht, wie ich es in Worte fassen und es ihr geben konnte. Ich wusste nicht, ob sie es inmitten von so viel Schmerz empfangen würde oder gar könnte. Aber ich tat mein Bestes, um zu sagen, was ich sah.

Wunden sind ein unvermeidlicher Teil des Lebens auf der Erde. Einige von uns erleben mehr oder schwerere Wunden als andere. Aber unabhängig davon, wie häufig oder tief unsere Verletzungen sind: Gottes Fähigkeit zur Wiederherstellung ist unendlich.

Ich liebe innere Heilungsdienste, ich liebe Selbsthilfegruppen, ich liebe Seelsorge, ich liebe Selbsthilfebücher, ich liebe Persönlichkeitstests und ich liebe Therapie. Dies alles sind wunderbare Werkzeuge, um zu lernen, wie man ein gesundes Leben führen kann. Aber nichts übertrifft die Heilkraft der vollkommenen Liebe unseres Vaters. Und jeder Dienst, jede Gruppe, jeder Seelsorger, jedes Buch, jede Beurteilung und jeder Therapeut wird dich niemals ganz heil machen, wenn du dadurch nicht mit dieser unglaublichen Liebe in Verbindung gebracht wirst. Diese Dinge können dir einen Einblick geben, wie du funktionierst, und helfen dir vielleicht, mit deinen Schmerzen und Ängsten fertig zu werden, aber sie werden dich nicht gesund machen. Sie können es nicht – nicht die Art von Gesundheit, die ich bei diesem Mädchen gesehen habe. Vielleicht denkst du jetzt: „Welche Gesundheit? Sie hatte doch immer noch Schmerzen. Sie hat doch immer noch ein Trauma erlebt."

Bis heute kann ich die Tatsache ihres Schmerzes und die Wahrheit dessen, was Gott in ihr gesehen hat, nicht in Einklang bringen. Ich weiß jedoch ohne jeden Zweifel, dass das, was ich gesehen habe, wahr war. Wenn ich mich an ihren Schmerz und den Schmerz, den ich in meiner Empathie empfand, erinnere, fühlt es sich wie eine Erinnerung an Momente des Schmerzes oder der Angst aus meiner Kindheit an. Ich kann mich daran erinnern, dass ich es gefühlt habe, aber ich fühle es jetzt nicht mehr. Wenn ich mich an die Güte erinnere, die ich in ihr gesehen habe, ist es, als würde sie direkt vor mir stehen. Es fühlt sich überhaupt nicht wie eine Erinnerung an. Es fühlt sich so greifbar an wie die Luft, die sich durch meine Lungen bewegt, oder der Druck, wenn meine Füße den Boden berühren.

Gott ist gut. Gott hat die Kontrolle. Gott ist Liebe. Gott hat einen Plan. Gott ist die Antwort. Die meisten Christen würden all diesen Aussagen zustimmen, aber man kann leicht sehen, dass sich jede dieser Aussagen angesichts einer Tragödie wie ein kleiner

Verband mit Bildern von Cartoon-Figuren an einem gebrochenen Bein anfühlen würde – nett, aber im Grunde nutzlos. Ich weiß, dass sich positives Denken und christliche Klischees wie Zitronensaft auf einer Papierschnittwunde anfühlen können, wenn man mitten in einer Krise oder einem Schmerz steckt, aber ich würde es hassen, wenn plumpe Gefühlsäußerungen über Gottes Wesen eine Erfahrung mit der Realität seines Wesens sabotieren würden.

Nenne es Positivität, Unsensibilität, Verniedlichung oder was auch immer, aber als ich erlebte, wie Gott diese junge Frau inmitten ihres Schmerzes sah, hörte sich jedes kitschige Gefühl, das ich jemals über seine Güte gehört hatte, auf einmal rein und wahr an, so ähnlich, wie alle kitschigen Worte, mit denen meine Eltern zum Ausdruck brachten, wie sehr sie mich liebten, plötzlich wahr klangen, als ich zum ersten Mal mein eigenes Kind in meinen Armen hielt.

Gott ist besser, als wir es uns jemals vorstellen könnten. Es ist einfach wahr. Er hat eine Antwort auf jeden Schmerz, Misserfolg, jede Enttäuschung, Tragödie, Katastrophe, jedes Trauma, jede Ungerechtigkeit und Angst, und zwar keine Pseudo-Antwort, keine pauschale Aussage, keinen kitschigen Einzeiler, sondern er hat etwas Echtes. Wir müssen es uns nur von ihm zeigen lassen. Er hat teuer für das Recht bezahlt, inmitten unserer größten Tragödie und unseres größten Schmerzes anwesend sein zu können. Er bezahlte für das Recht, sein Licht mitten in unserer tiefsten Dunkelheit freizusetzen. Er bezahlte mit dem Blut seines Sohnes, dem höchsten Preis, den man zahlen könnte. Wunden sind ein unvermeidlicher Teil des Lebens auf Erden, aber er hat für das Recht bezahlt, jede einzelne von ihnen zu heilen.

Ich weiß, wie belastend Schmerzen und Traumen sind. Ich habe es gesehen. Aber ich weiß, dass Gottes Güte die Summe aller Leiden überwiegt. Ich habe es gesehen. Seine Güte ist geheimnisvoll und vollbringt das Unmögliche. Ich kann darüber schreiben, Pastoren können darüber lehren, Mentoren können uns dabei unterstützen, aber nur Gott kann uns seine tiefe Güte zeigen.

Zum Weiterdenken

- Nimm dir einen Moment Zeit und denke darüber nach, was es für Gott bedeutet, gut zu bleiben, ohne sich von Schmerzen zu distanzieren.
- Denke an einige der Wunden oder Schmerzen, die du selbst erlebt hast. Halte inne und frage Gott, auf welche Weise seine Güte in diesen Bereichen im Moment gegenwärtig ist.
- Gottes Güte ist groß und geheimnisvoll. Sie ist viel größer als unser Verständnis des Wortes *gut*. Geheimnisse, die so gewaltig sind wie das Wesen der Güte Gottes, sind nicht dazu gedacht, dass man sie in wenigen Minuten entschlüsselt – sie müssen einem Schicht für Schicht und ein Leben lang offenbart werden. Denke in den nächsten Tagen und während du die nächsten Kapitel liest immer wieder über seine Güte nach. Probiere aus, ob die Meditation über seine Güte zu noch mehr Gelegenheiten führt, mehr vom Geheimnis seiner Güte zu entdecken.

KAPITEL 7

Goldene Käfige

Vor einigen Jahren veranstaltete meine Gemeinde ein Treffen für geistliche Leiter aus dem Südosten der Vereinigten Staaten. Ich meldete mich freiwillig, um im Bereich Audiovision zu helfen, weshalb ich schon früh da war, um die gesamte Ausrüstung aufzubauen.

Engel bewegten sich umher, als die Bandmitglieder ihre Instrumente aufbauten und der Rest des Produktionsteams Kabel verlegte und Lautsprecher aufbaute. Einige davon waren Anbetungsengel, welche die Schritte und Tänze probten, die sie während des Anbetungsteils der Versammlung ausführen wollten. Sie liefen von einer Seite des Raumes zur anderen und zogen dabei lange, bandförmige Stoffstücke in der Luft hinter sich her, während sie sich drehten und durch die Luft sprangen. Andere waren Fürbitte-Engel. Sie pressten ihre Hände nacheinander auf jeden Stuhl und hinterließen dort helle, leuchtende Handabdrücke. Wieder andere bereiteten den Raum auf andere Weise vor; sie stellten breite goldene Schalen entlang der Seitenwände auf und füllten sie mit einer Art hellgrüner Flüssigkeit. Eine weitere Gruppe von Engeln legte Tabletts mit kleinen Werkzeugen darauf aus. Die Werkzeuge erinnerten mich an zahnärztliche oder chirurgische Werkzeuge, allerdings ohne die zugehörige Beklemmung, den solche Werkzeuge hervorrufen.

Manches von dem, was geschah, war mir vertraut. Obwohl bei jedem Gottesdienst, den ich besuche, etwas Neues und anderes passiert, sind viele der allgemeinen Thematiken ähnlich oder zumindest vergleichbar. Die Schalen und Werkzeuge waren ein wenig außerhalb der Norm, aber ich hatte gelernt, nicht zu lange damit zu verbringen, alle Details darüber herauszufinden, warum die Dinge so aussehen, wie sie sind; diese Bedeutungen werden mit der Zeit meist ganz natürlich klar.

Ich bin immer gedemütigt, wenn ich sehe, wie gründlich und konsequent sich die Heerscharen des Himmels darauf vorbereiten, dass sich die Kinder Gottes versammeln. Es spielt keine Rolle, wie groß oder klein die Versammlung ist – ob es sich um einen Gottesdienst, eine Kleingruppe oder etwas anderes handelt –, die Engel setzen immer alles daran, sich auf das vorzubereiten, was Gott tun will.

Bald kamen die Leiter an. Es waren zumeist Pastoren aus vielen verschiedenen Gemeinden aus der ganzen Region. Einige waren überraschend jung, andere überraschend alt. Einige brachten ihren Ehepartner mit, andere kamen allein. Einige kamen in Anzügen und Krawatten, andere in Hawaii-Hemden und Flip-Flops. Das einzige gleichbleibende Merkmal, das mir ins Auge fiel, als sich der Raum zu füllen begann, war, dass wirklich jeder Leiter, der in den Raum kam, verletzt, lädiert oder ramponiert aussah, als ich ihn oder sie im Geist ansah.

Einige hatten nur leichte blaue Flecken um ihre Wangen und Augen herum, andere sahen aus, als seien sie beim Hereingehen in einen Steinbrecher gefallen. Viele von ihnen hatten kleine Schnitte und Kerben, aber einige hatten tiefe Furchen. Einige hatten Pfeile im Rücken, andere Dolche. Sogar ihre Kleider sahen zum Teil zerzaust und zerrissen aus. Ihr Aussehen schockierte mich nicht. Ich hatte im Geist schon viele Menschen mit einem unterschiedlichen Grad an Verletzungen und Wunden gesehen. Was mich aber überraschte, war, dass praktisch jede Person, die in den Raum kam, verletzt war.

Ich war den größten Teil meines Lebens das Kind eines Pastors bzw. eines Missionars gewesen. Ich bin mir sehr wohl bewusst, welche Art von Beulen und Prellungen man beim Leiten einer Gemeinde bekommen kann. Aber das Ausmaß dieser Verletzungen an einem einzigen Ort überraschte mich doch sehr.

Der Gottesdienst begann damit, dass einer der Leiter unseres Gemeinde-Netzwerks alle willkommen hieß. Er erinnerte sie daran, dass das Hauptziel der Veranstaltung darin bestand, eine Gelegenheit für sie alle zu schaffen, sich zu verbinden und von uns, den Mitleitern in der Gemeinde, gesegnet zu werden und Dienst zu empfangen.

Die Anbetung begann. Alle Engel im Raum fingen an zu tanzen und sich im Takt der Musik zu bewegen – entsprechend der Choreografie, die sie zuvor eingeübt hatten –, aber sie improvisierten auch und fügten hier und da kleine Ausschmückungen hinzu.

Einige sagen, dass es bei der Anbetung darum geht, dass wir Gott unsere Verehrung zeigen. Das ist richtig, aber aufgrund meiner Erfahrung etwas unvollständig. Jedes Mal, wenn ich sehe, wie Menschen anbeten, ist es wie ein riesiger Gesellschaftstanz. Die Menschen drücken ihre Zuneigung aus, teils durch Tanzen und Singen, teils auf subtilere und innere Weise. Das zieht am Himmel, und der Himmel reagiert. Die Gegenwart Gottes kommt in den Raum als Reaktion auf die Anbetung, und der Tanz der Engel intensiviert sich. Dies führt dazu, dass die Anbetung, die von den Menschen kommt, zunimmt, was wiederum noch mehr den Himmel herbeizieht. Jedes Mal ist es natürlich anders. Manchmal initiiert Gottes Gegenwart dieses Geben und Empfangen von Zuneigung. Manchmal scheinen die Engel mit dem, was sie tun, diese Dynamik auszulösen. Und manchmal wird sie gemeinsam und gleichzeitig durch die Energie der Gemeinde, die Gegenwart Gottes und den Tanz der Engel initiiert. Dieser Gottesdienst war ein Beispiel für Letzteres.

Ich konnte den Hunger nach mehr von Gottes Gegenwart spüren, der von jeder Person im Raum ausging. Es war wie ein rhythmisches Ein- und Ausatmen, das jedes geistliche Ding im Raum wie Kohlen aus einem Feuer zum Glühen brachte. Sofort begannen die Engel mit einer Intensität zu tanzen, die dem Gefühl des aus allen Richtungen anschwellenden Hungers entsprach. Ein helles Licht tauchte an der Vorderseite des Raumes auf – so hell, dass ich es nicht ansehen konnte, ohne zu blinzeln. Aus dem Licht strömten weiße und goldene Wolken, die den Raum mit einem atemberaubenden Gefühl des Friedens erfüllten.

Überall im Raum beobachtete ich, dass sich alle entspannten. Angespannte Schultern und Nacken wurden gelockert und Arme gestreckt. Während sie es taten, begannen sich ihre Wunden zu öffnen und zu bluten. Sofort betraten mehr Engel in Zweiergruppen den Raum. Jeweils einer hob eine der Schalen mit den zuvor ausgelegten Werkzeugen auf, und der andere nahm eine der Schalen mit der grünen Flüssigkeit.

Diese Duos machten sich von Person zu Person auf den Weg durch den Raum und hielten bei jedem an, um die blutenden Wunden zu versorgen. Sie reinigten die Wunden mit der grünen Flüssigkeit aus den Schalen und entfernten mit den Werkzeugen Pfeile von den Rücken und alte Verbände von offenen Wunden. Prellungen wurden unter dem Einfluss der grünen Flüssigkeit so leicht weggewischt wie Kreide auf einer Tafel. Die Engel nähten alles, was genäht werden musste, bandagierten alles, was bandagiert werden musste, und reinigten alles, was gereinigt werden musste.

Es war für mich interessant, dass die Wunden zu bluten begannen, als alle im Raum am meisten in der Ruhe waren. Es war, als hätte jeder sein Bestes getan, um die Wunden zusammenzuhalten, und als könnten sie sie nur in einer Umgebung wie an diesem Tag wirklich loslassen. Es kann schwierig sein zu erkennen, welche Arten von Druck und Erwartungen auf Leiter ausgeübt werden. Wir erwarten, dass sie keine Probleme haben. Wir erwarten, dass sie einen guten Plan haben. Wir erwarten von ihnen, dass sie großzügig sind. Wir erwarten von ihnen, dass sie freundlich sind. Wir erwarten, dass sie aufmerksam sind. Wir erwarten von ihnen, dass sie geduldig sind. Wir erwarten von ihnen, dass sie entschlossen, sympathisch, stark, sanft, ehrlich, geradlinig, gute Redner, einfühlsame Berater, dynamische Visionäre und ausgezeichnete Manager sind, und das alles bei gleichzeitig guten Beziehungen zu ihren Ehepartnern und Kindern. Und wenn sie diese Erwartungen nicht erfüllen, unabhängig davon, ob wir sie kommuniziert haben oder nicht, sind wir verletzt und enttäuscht. Ich glaube, dass die Leiter im Leib Christi zu einem hohen Lebensstandard berufen sind, aber manchmal frage ich mich, wie verantwortlich wir als ihre Nachfolger sind, sie zu befähigen, diesen Lebensstandard und Charakter zu erreichen.

Innerhalb weniger Minuten war jede Wunde entweder mit sauberen Verbänden bedeckt oder komplett verschwunden. Die

Wolke, die in den Raum strömte, wurde immer dichter und bedeckte den Boden mit einem goldenen und weißen Glanz. Der ganze Raum fühlte sich noch entspannter an, als ob endlich ein großes Gewicht abgelegt worden wäre. Als sich dieses neue Maß an Behaglichkeit und Frieden einstellte, sah ich Jesus in den Raum treten.

Er ging auf einen Mann in der zweiten Reihe zu. Er legte seine Hände auf beide Seiten des Gesichts des Mannes, sah ihm in die Augen und küsste ihn dann auf die Oberseite seines Kopfes. Dann berührte er die Mitte der Brust des Mannes mit den Fingerspitzen seiner rechten Hand. Er machte alle Finger gerade und bewegte dann seine Hand in einer langsamen Schneidebewegung durch die Mitte des Oberkörpers des Mannes nach unten. Der Brustkorb des Mannes klappte wie ein Tor auf.

Ich konnte in die Brusthöhle des Mannes sehen, aber es war nichts Ekliges dabei. Aus welchem Grund auch immer, sah es so aus, als sei sein Brustkorb genau so gedacht, wie er war. Ich bemerkte, dass sein Herz in einem Käfig war. Dieser war klein und metallisch, ein wenig wie ein Vogelkäfig. Er war verbeult, verbogen und verdreht, als hätte ein wildes Tier verzweifelt versucht, in ihn einzudringen.

Mit absoluter Präzision und Sanftmut streckte Jesus seine Hand aus, öffnete den kaputten Käfig und entfernte ihn von der Brust des Mannes, ohne dass die Seiten sein Herz berührten. Er reichte den Käfig einem Engel, der direkt hinter ihm stand, und lehnte sich dann nach vorne und nahm das Herz des Mannes in seine Hände. Er hob das Herz an seinen Mund und blies darauf. Wie eine Kohle, die den Sauerstoff aus dem Wind einfängt, erhitzte sich das Herz des Mannes und begann zu glühen.

Dann tat Jesus etwas, was mich überraschte. Er griff hinter seinen Rücken und zog einen goldenen Käfig heraus. Dieser war in Größe und Form ähnlich dem, den er entfernt hatte, nur dass er in perfektem Zustand und viel kunstvoller war, als der erste wohl jemals gewesen war. Er legte das Herz des Mannes in den goldenen Käfig und brachte es in seinen Brustkorb zurück.

Jesus ging von Person zu Person und durchlief dabei mit jedem Einzelnen mehr oder weniger den gleichen Prozess. Einige begrüßte er mit herzlichen Umarmungen, andere mit einem Kuss auf die Wange und wieder andere, indem er ihr Kinn in seine Hand nahm, wie bewundernde Großeltern es mit einem geliebten Enkelkind machen. Bei jeder Person entfernte er jedoch einen eingedellten Käfig aus dem Brustkorb, blies auf ihr Herz und legte das Herz in einen neuen goldenen Käfig.

Ich beobachtete ihn dabei aufmerksam und war immer noch verblüfft. Ich hatte gedacht, der Käfig sei eine schlechte Sache, nämlich der Versuch des Mannes, sein Herz vor dem Druck des Leitens und den harten Reaktionen, die Menschen manchmal Leitern gegenüber haben, zu schützen. Aber selbst wenn das wahr wäre und der Käfig eine irdische Form des Schutzes darstellen würde, überraschte es mich trotzdem, dass Jesus einen Ersatzkäfig zur Verfügung stellte.

Ich betrachtete den Ausdruck des Mitgefühls, der über das Gesicht Jesu kam, wenn er einem der Pastoren in die Augen sah. Ich sah das Glitzern der Empathie in seinen Augen, wenn er das Herz in einen goldenen Käfig schob und ihn vorsichtig wieder in die Brust des Mannes hängte. Er wusste alles. Er kannte die Situation, in der sie sich befanden. Er wusste, wohin und zu wem er sie schickte. Er wusste, dass diese Pastoren dort, wo sie hingingen, ihre Herzen schützen mussten.

Ein Teil von mir wünscht sich, dass wir alle in perfekter Empathie wirken könnten: dass diejenigen, die folgen, in der Lage sind, die Gefühle derjenigen, die leiten, zu verstehen und nachzuvollziehen, und dass diejenigen, die leiten, in der Lage sind, die Gefühle derjenigen zu verstehen und nachzuvollziehen, die ihnen folgen; dass alle Erwartungen offen mitgeteilt werden und jede Nichterfüllung dieser Erwartungen mit Freundlichkeit und Verletzlichkeit kommuniziert wird. Aber das ist nicht die Welt, in der wir im Moment leben.

Ich fand es tröstlich, dass Jesus einen Weg anbot, ihre Herzen vor der Art von Widerstand zu schützen, welche diese zertrümmerten und verdrehten Käfige repräsentierten, obwohl ich mich nach einem Tag sehne, an dem diese Art von Schutz nicht mehr notwendig sein wird.

Zum Weiterdenken

- Wollen wir die Fülle der Güte Gottes erfahren, dann müssen wir bereit sein, unser Handeln und Denken durch diese Güte verändern zu lassen.
- Zu wissen, wie Gott auf unsere Verletzungen und Schmerzen reagiert, ist genauso wichtig, wie zu wissen, wie er auf die Verletzungen und Schmerzen in anderen reagiert.
- Suche dir jemanden aus, den du kennst – einen Freund, Mitarbeiter, Leiter oder Nachbarn – und fange an, den Herrn zu fragen, wie er seine Güte im Leben dieser Person offenbart.

Kapitel 8

Das Quiz

Mit neunzehn Jahren begann ich mein erstes Jahr an der *Bethel School of Supernatural Ministry* (BSSM) in Redding, Kalifornien. Dort bemerkte ich innerhalb weniger Monate, dass sie vor einer großen Herausforderung standen. Ziel der Schule war es, Erweckungsträger auszubilden, also Menschen, die trainiert werden, „den Stil des Dienstes Jesu fortzuführen: die Gegenwart Gottes zu genießen, zu sagen, was er sagt, und zu tun, was er tut".[1] Dieses Ziel zog eine große Vielfalt von Menschen an. Einige waren seit Jahrzehnten Pastoren und Leiter in Gemeinden, andere kannten Jesus erst seit wenigen Monaten. Bei so verschiedenen Hintergründen, Erfahrungen und Perspektiven kann es schwierig sein, einen Lehrplan zu erstellen, der jedem Schüler gerecht wird.

Zu diesem Zweck entwickelte Dann Farrelly, einer der Lehrer der Schule, ein einfaches Quiz, um sicherzustellen, dass jeder Schüler zumindest ein grundlegendes Verständnis der biblischen Geschichte hat. BSSM ist keine traditionelle Bibelschule – sie konzentriert sich hauptsächlich auf praktisches Training in den Bereichen Prophetie und Heilung sowie zu lernen, aus seiner von Gott gegebenen Identität heraus zu leben. Aber Dann wollte sicherstellen, dass jeder eine gute Ausgangsbasis hatte, obwohl die Informationen für viele Schüler überflüssig waren.

Das Quiz fand etwa zwei Monate nach Beginn des ersten Schuljahres statt. Er bestand aus einer grundlegenden Zeitleiste der biblischen Geschichte von Abraham bis heute sowie einer Karte von Israel und dem Nahen Osten in den Zeiten der Bibel.

---

[1] Quelle: *Bethel School of Supernatural Ministry,* Zugriff am 17.09. 2018; http://bssm.net/

Der Tag, an dem das Quiz beantwortet werden sollte, begann ganz normal. Es war ein Dienstag, und dienstags begannen wir immer mit Anbetung unter der Leitung eines Teams meiner Kommilitonen. An jenem speziellen Tag nahm die Anbetung sofort ihren Lauf. Die spürbare Gegenwart Gottes kam unmittelbar und heftig, sodass fast alle der 250 Schüler im Raum zu tanzen begannen.

Obwohl ich eine sehr ausgereifte und vielfältige Anbetungsbeziehung zu Gott habe, zeige ich sehr selten nach außen, was innerlich geschieht. An diesem Tag jedoch veranlasste die Atmosphäre der Freude und des Feierns, die in den Raum kam, selbst mich dazu, umherzuspringen und -tanzen.

Ein dicker Strom von goldenem Öl ergoss sich von hinter der Bühne in den Raum und füllte ihn bis zu meinen Knien. All das Laufen und Tanzen ließen das Öl in rollenden Wellen hin und her schwappen, sodass es in alle Richtungen spritzte. Mehr als ein Dutzend Engel machten bei der Feier mit. Sie rannten von einer Seite des Raumes zur anderen und kickten und spritzten dabei spielerisch das Öl in die Gesichter der Leute.

Dann kamen noch mehr Engel herein mit massiven Fässern, die mit noch mehr Öl gefüllt waren. Einige gossen das Öl direkt auf einige der tanzenden Schüler, und ich sah sogar einen Engel, der ein ganzes Fass Öl über dem Kopf eines Schülers zerbrach.

An der Wand hinter der Bühne begann sich ein Riss zu bilden. Unglaublich helle Lichtstrahlen schossen durch diesen Riss hindurch und brachten eine noch stärkere Vorfreude auf das, was dieses Level der Anbetung in den Raum freisetzen könnte. Das Tanzen und Singen wurde immer leidenschaftlicher, als wir ein Lied nach dem anderen sangen. Die Bandmitglieder tanzten so wild, dass sie sich in ihren Gitarrenkabeln verhedderten. Das Gefühl der Beschleunigung in der Anbetung war berauschend, stieg immer höher und höher, ohne ein Zeichen des Aufhörens.

Dann löste sich aus dem schönen Chaos von tanzenden Studenten, fließendem Öl und feiernden Engeln eine Gestalt. Es war Dann Farrelly, der auf die Bühne trat und einen dicken Aktenordner unter seinen Arm geklemmt hatte.

Ich hatte das Quiz völlig vergessen. Meine Augen huschten zur Uhr. Es war die Zeit, in der die Anbetung enden sollte. Die Kraft der Anbetung schlug wie eine Trommel in meiner Brust, ich sah zu Dann hin im Glauben, er würde die Anbetung fortsetzen. Es war bereits vorgekommen, dass der Unterrichtszeitplan geändert worden war, weil die Gegenwart des Heiligen Geistes so stark war. Als Dann sich dem Mikrofon näherte, war ich mir sicher, wir würden die Gelegenheit haben, zu erleben, wohin uns die Dynamik unserer Anbetung führen würde.

Stattdessen nahm Dann das Mikrofon und sagte: „Also gut, Leute, geht schon an eure Plätze und setzt euch. Wir werden weitermachen und mit unserem Quiz anfangen."

Der halbe Raum nahm einen hörbaren Atemzug, mich eingeschlossen. Die Bandmitglieder sahen sich an, als wollten sie sagen: „Sollen wir einfach weitermachen?" Nicht wegen irgendeiner Respektlosigkeit gegenüber Dann, sondern weil die Dynamik unserer Anbetung so spürbar war. Das Aufhören fühlte sich fast wie ein Verbrechen an.

Dann schien unsere kollektive Unsicherheit zu merken. „Ja", sagte er in einem sanften Ton, „bitte geht zu euren Plätzen."

Nach ein paar Sekunden Zögern begann jeder wieder zu seinem Platz hinzuschlurfen. Eine Handvoll Praktikanten teilte das Quiz aus, ein einziges Blatt Papier, das auf beiden Seiten bedruckt war, und wir alle nahmen unsere Bleistifte und begannen, den Bogen auszufüllen. Minuten verstrichen. Ich füllte die Zeitleiste aus, konnte aber dennoch nicht über das hinwegkommen, was passiert war. Die Anbetung hatte sich wirklich so angefühlt, als würde sie irgendwohin gehen. Als ich innehielt und darüber nachdachte, hatte ich immer noch den Eindruck, als könne das immer noch geschehen. Ich schaute mich im Raum um und sah, dass alle Engel, die während der Anbetung da gewesen waren, noch im Raum waren. Sie waren genau dort, wo sie waren, als Dann uns sagte, wir sollten zu unseren Sitzen zurückkehren, und sahen so aus, als würden sie darauf warten, dass etwas passiert. Ich sah sogar einen Engel, der mit einem großen Fass über dem Kopf auf einem Fuß balancierte und Mitten beim Ausgießen erstarrt war.

Der Blick auf die Engel ließ das Gefühl, das ich während der Anbetung empfand, wachsen. Ich sah mir den Riss in der Rückwand an. Lichtstrahlen kamen noch immer durch die Öffnung und brachten ein Gefühl von unmöglicher Freude und Begeisterung mit sich.

Als ich all die Engel sah, die warteten, und es bedauerte, nicht zu wissen, was auf der anderen Seite des Mauerrisses war, traf ich eine Entscheidung: Dann hatte einen Fehler gemacht. Wir hätten weiter anbeten sollen. Dies war doch nur ein einfaches Quiz. Wir hätten ihn leicht verschieben können. Was wir getan hatten, war viel wichtiger.

Mein selbstgerechter innerer Monolog wurde plötzlich durch ein sanftes Ziehen an meinem Hinterkopf unterbrochen. Mit den leichtest möglichen Berührungen spürte ich, dass der Heilige Geist meinen Blick in die hintere Ecke des Raumes lenkte. Dort sah ich einen dreistufigen Brunnen, der mit einer dicken grünen Flüssigkeit überfloss. Drei Engel standen am Rand des Brunnens und fingen den Überfluss in großen Holzeimern auf. Sobald ein Eimer voll war, trug einer der Engel ihn zur gegenüberliegenden Wand und stellte ihn neben eine lange Reihe bereits voller Eimer.

Als ich dieser Drei-Engel-Eimerbrigade beim Arbeiten zusah, begannen Momentaufnahmen von Röntgenbildern, alten Sportverletzungen, Bakterien, Viren und genetischen Anomalien in meinen Gedanken aufzublitzen. Meine Augen schnappten zu meinen Kommilitonen hin. Plötzlich konnte ich durch sie hindurchsehen. Ich konnte Ablagerungen in Arterien in der Nähe des Herzens sehen, ebenso Sehnen, die falsch gedehnt wurden, sowie falsch ausgerichtete Wirbel, die Druck auf die Wirbelsäule ausübten. Meine Augen sprangen von Krankheit zu Krankheit wie ein Spürhund, dessen Nase auf „Krankheit" eingestellt war.

Ich konnte Gottes Wunsch spüren, diese Leute zu heilen, selbst die, die nicht krank waren. Als ich sie mir ansah, begann ich Bilder von kranken Verwandten, Freunden oder Bekannten zu sehen. Der überwältigende Wunsch Gottes zu heilen, übte einen so starken Drang auf mich aus, dass ich in Erwägung zog, aus meinem Sitz zu schlüpfen und meine Hände auf einige der Leute zu legen, die mir ins Auge gefallen waren.

Gerade als dieses Gefühl seinen Höhepunkt erreichte, wurde meine Aufmerksamkeit durch ein weiteres sanftes Ziehen in die gegenüberliegende Ecke des Raumes, rechts von der Bühne, gelenkt. Dort sah ich ein kleines Loch in der Decke. Durch die Öffnung sah ich Schichten und noch mehr Schichten von wirbelnden Wolken und Sonnenschein. Ich sah, wie Briefe durch die Öffnung strömten; die weißen Umschläge waren handsigniert und mit hellrotem Wachs versiegelt. Die Briefe flatterten in den Raum, segelten dann in verschiedene Richtungen und kamen schließlich jeweils über dem Kopf einer bestimmten Person zum Stillstand.

Als ich dies beobachtete, gingen mir prophetische Worte durch den Kopf. Verheißungen zukünftiger Siege, zutiefst persönliche Bestätigungen des Wertes und poetische Proklamationen väterlicher Liebe kämpften alle darum, die Ersten zu sein, meine Aufmerksamkeit auf sich zu ziehen. Immer mehr Briefe strömten in den Raum. Bald waren Dutzende über jeder Person angehäuft und es waren noch mehr unterwegs. Ich konnte mich nicht länger als eine Sekunde auf jemanden konzentrieren, ohne drei oder vier Visionen, Eindrücke oder Sätze in einer leisen Schar von Stimmen in meiner Psyche zu haben. Erst dann fing ich an zu verstehen, was der Heilige Geist sagen wollte.

Ich betrachtete all die Engel, die während der Anbetung anwesend waren. Ich hatte wieder das Gefühl der Beschleunigung, das ich schon bei der Anbetung hatte. Ich schaute auf den Brunnen, an dem die Engel Eimer füllten. Ich spürte Gottes unerbittlichen Wunsch zu heilen. Ich schaute auf das Loch in der Decke, durch das die Briefe strömten. Ich spürte Gottes Wunsch, zu seinen Kindern zu sprechen. Dann sah ich Dann an.

Er hatte seinen großen Ordner auf einen runden Tisch auf der Bühne gelegt und ging seine Notizen durch. Als ich ihn so durch die Seiten blättern sah, bemerkte ich einen Engel, der mir zuvor nicht aufgefallen war und der direkt hinter ihm stand. Der Engel wäre in einer viktorianischen Bibliothek nicht fehl am Platz gewesen. Die einzelnen Teile seiner vielschichtigen Kleidung waren mit Präzision und Sorgfalt ineinandergesteckt, verbunden und platziert. Er trug eine dünne, goldene Brille, die mit einer feinen Silberkette an seinem Mantel befestigt war, und er hatte ein dickes, waldgrünes Buch in seinem Arm. Er ging nach vorne und legte das Buch auf den Tisch neben Danns Notizen. Ich hatte gerade noch Zeit, das Wort *Leben* in dicken goldenen Buchstaben auf dem Rücken des Buches zu sehen, bevor der Engel es aufschlug und einen Hauch von Feinstaub in die Luft schleuderte.

Nach ein paar Augenblicken begannen die Wörter aus dem Buch Zeile für Zeile von der Seite abzublättern und in die Luft zu schweben. Sie waren nicht in einer Sprache verfasst, die mir bekannt war, aber durch die Art und Weise, wie sie sich durch die Luft bewegten und drehten, bezweifle ich, dass ich sie hätte lesen können, selbst wenn ich die Sprache gekannt hätte. Immer mehr Wörter tauchten aus dem Buch auf und erzeugten einen schwebenden Schwarm um Dann und den Engel herum. Sobald alle Wörter die geöffnete Seite verlassen hatten, wandte sich der Engel der nächsten zu. Dabei flogen die Wörter in der Luft in die Menge hinaus. Sie huschten ohne zu zögern in alle Richtungen und sanken direkt durch die Haut von jedem, den sie berührten. Einige der Wörter sanken in den Kopf der Menschen, andere in ihren Magen und wieder andere wickelten sich um die Füße der Menschen. Eine Zeile unbekannter Text flog auch auf mich zu und ging direkt in die Mitte meiner Brust.

Ein seltsames Gefühl ging durch mich hindurch. Geschichten, die ich als Kind in der Kirche gehört hatte, kamen mir in den Sinn. Bibelverse, an die ich seit Jahren nicht mehr gedacht hatte, begannen sich in meinem Gedächtnis zu rezitieren. Jede Geschichte und jeder Bibelvers kam in einem frischen, klaren Licht zu mir. Sie hatten eine Dimension und Wirkung, die im Laufe der Jahre verloren gegangen waren, weil ich sie zu gut kannte. Ich konnte sehen, wie eine Bibelgeschichte mit einer weiteren und mit allen anderen zusammenhing. Ich empfing ein völlig neues Maß an Wertschätzung und Verständnis für das geschriebene Wort Gottes. Und dann traf es mich.

Gott ist groß.

Ja, vielleicht ist er sogar so groß, dass er zu 100 Prozent bereit ist, ein neues Level des Durchbruchs in der Anbetung freizusetzen, zu 100 Prozent bereit, übernatürliche körperliche Heilung freizusetzen, zu 100 Prozent bereit, prophetische Proklamationen freizusetzen, und auch zu 100 Prozent bereit, ein neues Maß an Weisheit in Bezug auf die Bibel freizusetzen, alles gleichzeitig.

Es war arrogant von mir zu denken, meine Fähigkeit, zu sehen, was Gott tat, sei Danns Fähigkeit zu sehen, was er tat, überlegen. Wir sind endliche Wesen, die einem unendlichen Gott dienen. Es macht einfach nur Sinn, dass unsere Wahrnehmung von ihm und den Dingen, die er tut, den gleichen Einschränkungen unterliegt, die für andere Teile unseres Lebens gelten. Wenn wir jedoch lernen zu ehren, wie andere Menschen Gott sehen, haben wir die Möglichkeit, von dem zu profitieren, was sie sehen.

Als ich mein ausgefülltes Quiz abgab, wurde mir noch eine weitere Sache klar. Ich hätte gewusst, wie man eine neue Ebene der Anbetung erreicht. Aufgrund meiner Zeit in der Schule des Dienstes hätte ich auch gewusst, wie man übernatürliche Heilung betreibt. Ich hätte gewusst, wie man ein neues Level, Gottes Stimme zu hören, erreichen kann. Aber ich hätte nicht gewusst, wie man die nächste Ebene der biblischen Weisheit erreichen konnte, zumindest nicht ohne Danns Hilfe. Dadurch, dass ich ihn, wenn auch nur widerwillig, ehrte, erhielt ich Zugang zu etwas, das ich allein nicht hätte empfangen können.

Das ist der Sinn dessen, dass man sich versammelt und Gott gemeinsam nachjagt. Sicher, du kannst eine volle und reiche Beziehung nur zwischen dir und Gott haben. Du kannst die besten Predigten und Lehren durch einen Podcast oder Live-Stream erhalten, aber das ist nicht der einzige Punkt. Ich hatte bereits als Kind in der Sonntagsschule alle Informationen gelernt, die Dann auf das Quiz setzte. Die Offenbarung, die ich erhielt, drehte sich nicht um die Qualität oder Neuartigkeit der Informationen – es ging darum, dass ich die Gabe in Danns Leben anerkannte und ehrte.

Selbst wenn man die besten Bücher liest, die besten Botschaften hört und ununterbrochen die Bibel studiert, gibt es immer noch Aspekte von Gottes Wesen, die man verpassen würde, denn einige der besten Bilder seines Wesens findet man nur in den Herzen seiner Kinder.

Als ich mit meinem Nachdenken fertig war, schloss der Bibliotheken-Engel das dicke grüne Buch. Er zögerte einen Moment lang und gab mir viel Zeit, um das Wort *Leben*, das auf den Buchrücken geprägt war, noch einmal zu lesen. Dann klemmte er es unter seinen Arm, senkte seine Brille und sah mir mit einem zufriedenen Lächeln im Gesicht direkt in die Augen. Ich glaube, ich habe es geschafft, zwei Fragebögen richtig zu beantworten.

Zum Weiterdenken

- Wenn Gott mehr als eine Sache auf einmal tun kann, woher wissen wir dann, was die „richtige" Sache ist, die wir tun sollen?
- Ich erzählte ein Beispiel dafür, wie man davon profitieren kann, wenn man einen Bibellehrer ehrt. Welche anderen Arten von Vorteilen könnte man deiner Meinung nach durch das Ehren anderer Arten von Gaben haben?
- Glaubst du, dass der Heilige Geist meine Einstellung korrigierte, weil Dann Recht und ich Unrecht hatte, oder hatte er einen anderen Grund, mich zu korrigieren?

Kapitel 9

Die steinerne Kapuze

Als ich neunzehn war, nahm ich an einer Missionsreise nach Mexiko teil. An einem der Abende veranstalteten wir ein Outdoor-Event mitten in der Innenstadt von Tijuana. Wir erhielten die Genehmigung der Stadt, eine Bühne auf einem der städtischen Plätze zu benutzen, um Lobpreismusik zu spielen, das Evangelium zu predigen und für die Heilung kranker Menschen zu beten. Ich war nicht im Lobpreisteam und auch keiner der Leute, die predigten, und stand deshalb mit einigen anderen auf dem Platz und wartete darauf, dass Leute auftauchten, die wir fragen konnten, ob sie Gebet wollten. Ich bin eher ängstlich und introvertiert, was mein soziales Verhalten angeht, weshalb es für mich eine echte Herausforderung war, ständig fremde Leute in einer Sprache, die ich nicht gut kannte, fragen zu müssen, ob sie Gebet wollten. Aber ich tat es mit so viel Mut und Interesse, wie ich nur konnte. Passanten begannen stehen zu bleiben und Gebet zu empfangen, aber nach etwa einer Stunde hatten wir ein Problem.

Dicke, dunkle Wolken füllten jede Ecke des Himmels, und bald begannen dicke Regentropfen zu fallen. Die Menschen, die in der Stadt unterwegs waren und unseren Pavillon gefüllt hatten, wurden immer weniger, da die Fußgänger unter Markisen in Deckung rannten oder so schnell weitermarschierten, um dem Regen auszuweichen, dass sie nicht mitbekamen, was wir taten.

Gerade als die Menge sich aufzulösen begann, schnappte sich einer der Leute auf der Bühne ein Mikrofon. „Alle mal herhören", sagte er, „wir werden nicht zulassen, dass dieser Regen das aufhält, was Gott heute Abend hier tun will." Dann stieß er einen

Finger in den Himmel und schrie: „Willst du ein Wunder sehen? Regen, wir befehlen dir, im Namen Jesu aufzuhören!"

„Oh nein", dachte ich. „Das wird super peinlich werden." Obwohl ich so gut wie keinen Glauben dafür hatte, dass etwas passieren würde, konnte ich nicht anders, als meinen Blick nach oben zu richten, als der junge Mann zu beten begann.

Ich sah vier Engel aus der Nähe der Bühne aufsteigen. Jeder hatte breite goldene Flügel, trug ein goldenes Gewand und hatte ein goldenes Band im Haar. Während sie zu den vier Ecken des Stadtplatzes schwebten, hielt jeder von ihnen auch einen dünnen goldenen Stab in der Hand, der von oben bis unten reich mit schnörkeligen Ornamenten verziert war.

Sie flogen etwa 15 m in die Luft und schwebten an den Ecken des Platzes. Jeder hielt seinen Stab senkrecht, sodass ein Ende auf den Himmel und eines auf den Boden zeigte. Es gab einen hellen Blitz, als jeder der Stäbe sich mit Licht entzündete und einen Lichtstrahl abschoss, der die vier Engel in einem perfekten Quadrat verband. Das Licht war so schnell wie der Blitz einer Kamera, und dann kamen die Engel wieder herab auf die Bühne.

Nach dreißig Sekunden spürte ich keine Regentropfen mehr auf meinen Schultern und im Gesicht. Nach weiteren dreißig Sekunden begannen sich die Wolken zu verziehen. Ein paar Minuten später gab es ein perfekt quadratisches Loch in den Wolken über dem Bereich, in dem wir dienten. Der Himmel war, soweit ich sehen konnte, voller dunkler Wolken, bis auf den Bereich über uns, wo ich Hunderte von Sternen sehen konnte.

Anstatt daran vorbeizulaufen, um aus dem Regen herauszukommen, strömten daraufhin Aberdutzende von Menschen in den Bereich um die Bühne, weil das jetzt der einzige Ort war, an dem sie trocken blieben. Durch dieses dramatische Wunder inspiriert und ermutigt, machte ich leidenschaftlich mit dem Gebet weiter. Ich betete für Menschen mit Asthma. Ich betete für Menschen mit Krücken. Ich betete für Menschen mit Krebs. Dann sah ich einen betrunkenen und verwirrten Mann aus einer Bar kommen und auf den Platz stolpern. Mitgefühl stieg in mir auf, als ich sah, wie er versuchte, sich durch die Menge zu kämpfen. Ich eilte zu ihm hin und schenkte ihm, ohne groß darüber nachzudenken, eine volle Umarmung. Ich sagte ihm, wie sehr Gott ihn liebte. Da mich mein begrenztes Spanisch daran hinderte, mehr zu sagen, wechselte ich ins Englische und erzählte ihm weiter von Gottes Liebe. Ich beobachtete, wie die Augen des betrunkenen Mannes klar wurden, wie er sich aufrichtete und sein Gleichgewicht wiederfand. Er sah mich an, während ich sprach, und machte keine Andeutung, ob er mich verstand oder nicht, aber als ich fertig war, ging er sofort zur Bühne und begann mit der Gruppe von Leuten dort anzubeten.

Da ich dadurch noch mehr angespornt war, suchte ich in der Menge nach der nächsten Person. Sofort sah ich einen weiteren betrunkenen Mann, der von der gegenüberliegenden Seite auf den Platz kam. Ich drängte mich durch die wachsende Menge und spürte ein noch tieferes Mitgefühl in meinem Herzen, als ich ihm näherkam. Ich klopfte dem Mann auf die Schulter, und er drehte sich um und sah mich an. Als unsere Augen sich trafen, spürte ich, wie die Quelle des Mitgefühls in meinem Herzen in tausend Richtungen auf einmal explodierte. Ich konnte Gottes unersättlichen Wunsch spüren, seine Liebe auf diesen Mann auszugießen. Ich konnte die unglaubliche Vorfreude Gottes auf diesen Moment spüren, in dem er und dieser Mann endlich die Gelegenheit hatten, versöhnt zu werden.

Vision um Vision über die Zukunft dieses Mannes flog an meinen Augen vorbei. Ich sah, wie er Menschen dutzendweise zu Jesus führte, dann zu Hunderten und dann zu Tausenden. Ich sah, wie er eine ganze Generation junger Männer in Gerechtigkeit und Reinheit hineinführte. Ich sah, dass er in einer Erweckung, die das ganze Land Mexiko erfassen würde, eine Schlüsselrolle innehatte. Jede der Visionen war so lebendig und real, dass ich nicht nur sehen konnte, *wie* sie geschehen würde, sondern auch die Gnade spüren konnte, die Gott dazu bestimmt hatte, *damit* sie geschehen würde. Ich konnte spüren, dass das Leben dieses Mannes mit dem, was Gott mit ihm vorhatte, in Einklang kam, sodass er befähigt wurde, in die Fülle seiner Bestimmung einzutreten.

Mein Spanisch war viel zu schwach, um auch nur den geringsten Teil dessen auszudrücken, was ich sah und fühlte, und deshalb vertraute ich darauf, dass es bei dem, was ich sagen würde, mehr darum ging, Gnade zu vermitteln als Inhalte zu verstehen, und ich begann, ihm auf Englisch zu prophezeien. Fast sofort wurden seine Augen klar und fokussiert. Die Rötung auf seinem Gesicht und der Alkoholgeruch in seinem Atem begannen abzuklingen. Seine Augen fixierten sich auf meine, als ich weiter jedes bisschen von dem, was ich fühlte und sah, in prophetische Schnellfeuer-Proklamationen umsetzte.

Ich fühlte mich vollkommen im Einklang mit dem heißen Rhythmus von Mitgefühl, Liebe und Hoffnung, der in meinem Herzen schlug, während ich sprach. Es fühlte sich an, als würde ein Fluss in mich hinein- und dann mit zehntausenden Litern pro Sekunde wieder aus mir herausfließen. Ich beobachtete, wie sich langsam ein Verstehen über den Gesichtsausdruck des Mannes ausbreitete und sich in seinen Augenwinkeln Tränen zu bilden begannen. Ich fuhr fort, bis der letzte Tropfen dieses Lebensstromes durch mich hindurchgeflossen war, und dann atmete ich tief durch und legte meine Hand auf die Schulter des Mannes.

Wir standen da und starrten uns einige Augenblicke lang still an, aber dann wölbte sich eine Hülle aus dunklem Stein von hinter seinem Rücken nach vorne und schloss sich vor seinem Gesicht, wie eine seltsame Kombination aus der Kapuze eines Sweatshirts und einem Motorradhelm, hart und dunkel wie Onyx. Ich schaltete meine Fähigkeit aus, im Geist zu sehen, damit ich sein Gesicht sehen konnte. Tränen lagen noch in seinen Augenwinkeln, er schüttelte den Kopf, sagte: „Nein, danke“, drehte sich um und ging dorthin zurück, woher er gekommen war.

Ich stand wie erstarrt da, als ich ihn in der Menge verschwinden sah. Die Taubheitsgefühle wichen langsam einem tiefen, überwältigenden Schmerz, sodass ich in eine Ecke rechts von der Bühne stolperte, wo einige meiner Teammitglieder sich ausruhten. Ich sackte in der Nähe ihrer Füße in mich zusammen und konnte den restlichen Abend nur noch schluchzen.

Manchmal fragen mich die Leute, ob es schwer ist, im Geist zu sehen. Sie fragen das normalerweise, weil sie denken, es könnte zu beängstigend sein, Dämonen oder geistliche Wunden an Menschen zu sehen. In Wahrheit macht es mir selten etwas aus,

Dämonen oder Wunden zu sehen. Das liegt zum Teil daran, dass ich, nachdem ich die Taktiken des Feindes so viele Jahre lang und so oft gesehen habe, nicht mehr beeindruckt oder überrascht bin von dem, was Dämonen tun, sondern vor allem davon, dass Gott einen perfekten Plan hat, der bereitsteht und darauf wartet, für jede Wunde und jeden dämonischen Angriff freigesetzt zu werden. Das Schmerzhafteste, das ich sehe, ist, wie reichlich Gott seine Güte auf sein Volk ausgießt und wie oft diese tiefe Güte unbemerkt oder ungenutzt bleibt.

Ich war schon in Treffen, in denen die Leute für einen finanziellen Durchbruch beteten. Dieser passiert jedes Mal, aber ich kann nicht jedes Mal feststellen, dass bei jedem eine Veränderung in den Finanzen passiert. Manchmal sind die Gründe dafür offensichtlich. Manchmal sieht der finanzielle Durchbruch wie ein plötzlicher Glücksfall aus oder wie ein unerwarteter Scheck im Briefkasten in einer Zeit der Not. Manchmal kommt er durch Geschäftspläne und Geschäftsideen. Manchmal kommt die finanzielle Versorgung in Form von Gnade, die Ausgabengewohnheiten zu ändern und die Schulden zu verwalten. Es kann leicht sein, Gottes Güte zu verpassen, wenn sie nicht so kommt, wie wir es erwarten, oder wenn wir nicht erkennen, dass die Manifestation seiner Güte oft ein Handeln von unserer Seite erfordert.

Ich war sicherlich nicht bereit, Gottes Güte zu sehen, als mein Teamkollege aufstand, um gegen den Regen zu beten. Eher war ich bereit, mich zu schämen, als ein Wunder zu erleben. Ja, ich vermute, dass diese Engel mit den goldenen Stäben hinter meinem Freund standen, als er aufstand, um zu beten. Ich hatte sie nicht gesehen, weil ich nicht glaubte oder erwartete, dass sie dort sein würden. Erst als ich eine Handlung des Glaubens durchführte – die zugegebenermaßen kleine Aktion des Aufblickens beim Beten – sah ich, dass die Engel freigesetzt wurden, um seine Gebete zu erfüllen.

Das heißt nicht, dass wir uns Sorgen machen sollten, dass wir mit unserer Untätigkeit oder unserem falschen Handeln ständig die Pläne Gottes untergraben. So zu denken, hat die Tendenz, uns mit falscher Verantwortung zu belasten und mit Angst zu lähmen. Stattdessen müssen wir erkennen, dass wir uns auf einer stetigen Reise befinden, zu entdecken, wie gut Gott ist und wie wir mit Ihm zusammenarbeiten können, um diese Güte auf Erden freizusetzen. Ich denke, dass der Apostel Paulus deshalb sagt:

> *Richtet euch nicht länger nach [den Maßstäben] dieser Welt, sondern lernt, in einer neuen Weise zu denken, damit ihr verändert werdet und beurteilen könnt, ob etwas Gottes Wille ist – ob es gut ist, ob Gott Freude daran hat und ob es vollkommen ist* (Röm 12,2).

Wir müssen Gottes Güte unseren Geist erneuern lassen, damit unsere Erwartung, was mit uns und der Welt geschehen wird, sich verändert. Ansonsten könnten wir leicht seine Güte verpassen, wenn sie kommt. Vielleicht würden wir sie sogar ablehnen.

Zum Weiterdenken

- Du hast vielleicht bemerkt, dass ich, nachdem ich das Wunder mit dem Regen erlebt hatte, viel mehr Mut hatte, auf ungewöhnliche Weise für andere zu beten, und weit über die Grenzen meiner üblichen Persönlichkeit hinaus handelte. Warum wohl steigert das Erleben von Wundern die Kühnheit, und wie würdest du deiner Meinung nach reagieren, wenn du in der gleichen Situation wärst?
- Wie könntest du dich so positionieren, dass du die Möglichkeit hättest, ein Wunder zu erleben?
- Trotz des Gefühls der Verbundenheit, die ich mit dem betrunkenen Mann hatte, beschloss er, nicht das zu empfangen, was Gott gerne über ihm freigesetzt hätte. Warum ist das wohl das passiert?
- Gibt es Bereiche, in denen es dir schwerfällt, von Gott zu empfangen?
- Wie könntest du dich so positionieren, dass du dich in jene Bereiche hineinstürzt, in denen es für dich schwer ist, von ihm zu empfangen?

KAPITEL 10

Aktivierung und Studium: Offenbarung

Eine meiner Lieblingsgeschichten über das Sehen im Geist findet sich in 2. Könige 6. Der König von Aram führte einen Krieg mit Israel, was sich als schwierig erwies. Jedes Mal, wenn er eine Falle stellte oder einen Überfall aus dem Hinterhalt plante, war die israelische Armee besonders aufmerksam oder mied einfach das ganze Gebiet. Weil er frustriert war, dass seine Pläne wiederholt misslangen, beriet sich der König von Aram mit seinen Offizieren und fragte sie, wer von ihnen ein Verräter sei, der für den König von Israel spionierte.

Einer der Offiziere sagte, es gäbe keinen Spion unter ihnen, *„... aber der Prophet Elisa, der in Israel ist, teilt dem König von Israel die Worte mit, die du in deinem Schlafzimmer redest"* (2 Kö 6,12).

Da der König von Aram verständlicherweise von der Idee beunruhigt war, dass jemand alle seine so gut ausgedachten Pläne unterminierte, befahl er seinen Männern, Elisa zu fangen. Schon bald fanden seine Männer heraus, wo Elisa lebte. Sie schickten Wagen, Reiter und eine starke Truppe, um die Stadt mitten in der Nacht zu umgeben.

Am nächsten Morgen wachte Elisas Diener auf, ging hinaus und stellte fest, dass die ganze Stadt von einer großen Armee umgeben war. Alarmiert eilte der Diener wieder hinein, um seinen Herrn zu wecken.

> *Er aber sagte: Fürchte dich nicht! Denn zahlreicher sind die, die bei uns sind, als die, die bei ihnen sind. Und Elisa betete und sagte: HERR, öffne doch seine Augen, dass er sieht! Da öffnete der HERR die Augen des Dieners, und er sah. Und siehe, der Berg war voll von feurigen Pferden und Kriegswagen um Elisa herum* (2 Kö 6,16-17).

Die feindlichen Soldaten stürmten voran und sahen ihr Ziel in Reichweite, aber der Prophet betete, und alle Soldaten wurden von Blindheit getroffen. Dann führte er sie alle nach Samaria, wo der König von Israel und sein Heer warteten.

Nachdem er sie mitten unter die Männer des Königs geführt hatte, betete Elisa erneut, und die Augen der aramäischen Soldaten wurden wieder geöffnet. Der König von Israel, der sah, dass sein Feind ihm ausgeliefert war, fragte Elisa: „Soll ich sie erschlagen?" (2 Kö 6,21 LUT).

> *„Du sollst sie nicht erschlagen", antwortete der Prophet. „Erschlägst du denn die, die du mit Schwert und Bogen gefangen hast? Setze ihnen Brot und Wasser vor, dass sie essen und trinken, und lass sie zu ihrem Herrn ziehen!"* (2 Kö 6,22 LUT).

So hatte der König ein großes Fest für die gefangenen Soldaten vorbereitet, und nachdem sie sich satt gegessen hatten, schickte er sie zu ihrem eigenen König zurück. Danach hörte Aram auf, marodierende Gruppen in das Land Israel zu schicken.

Dies ist ein wunderbares Beispiel nicht nur für die Gabe, im Geist zu sehen, sondern auch dafür, wie Offenbarung unsere Perspektive verändert. Elisas Diener sieht die feindlichen Soldaten in der Umgebung der Stadt und hat verständlicherweise Angst. Aber Elisa sagt, dass mehr mit ihnen sind als gegen sie und betet dann, dass die Augen des Dieners geöffnet werden. Der Diener sieht dann, dass ihre Angreifer von einer noch größeren geistlichen Streitmacht umgeben sind.

Hier wollen wir kurz innehalten. Dies ist eine beliebte und berühmte Geschichte aus der Bibel, sodass es sehr wahrscheinlich ist, dass du bereits damit vertraut warst, wie die Geschichte endet, bevor wir so weit waren. Aber versetze dich doch einmal in Elisas Diener. Du hast gerade entdeckt, dass du von Feinden umgeben bist. Dann offenbart Gott eine große Vision: Du bist von einer Armee übernatürlicher Beschützer umgeben. Was erwartest du als Nächstes?

Wenn es dir so geht wie mir, erwartest du, dass die Armee der feurigen Engel über deine Feinde herfällt, während sie angreifen. Du erwartest eine dramatische Darstellung von Gottes

Macht, indem deine Feinde vor dir getötet werden, einen unglaublichen Moment göttlicher Intervention in letzter Minute. Aber wie du weißt, passiert genau das nicht.

Die feurigen Wagen und Pferde scheinen nicht zu dem zu passen, was als Nächstes geschieht. Elisa betet, die Soldaten werden sofort mit Blindheit geschlagen und der Prophet des Herrn täuscht die gesamte feindliche Armee und führt sie in das Lager des Königs von Israel. Dort werden ihnen Speisen und Getränke angeboten und dann werden sie nach Hause geschickt.

Elisa durfte erleben, wie sich viel von Gottes Macht auf der Erde manifestierte. Er folgte dem Propheten Elia und lernte viel. Er erlebte mehrere Wunder, die durch seine eigenen Hände geschahen, und verkündete viele mächtige Prophetien. Elisa ließ sich von der Offenbarung verwandeln.

Es gibt keine konkreten Aufzeichnungen darüber, ob Gott Elisa direkt gesagt hatte, wie er auf die Angreifer reagieren sollte, oder ob Elisa einfach Gottes Handeln oft genug erlebt hatte, um zu erkennen, wohin die Auseinandersetzung führen sollte.

Meine Version der Befreiung von dieser Krise hätte mit vielen toten Aramäern und einem sehr verärgerten König von Aram geendet. Elisas Version endete so: *„Und die Streifscharen Arams kamen fortan nicht mehr in das Land Israel“* (2 Kö 6,23). Einige Experten glauben, dass es weit über ein Jahr dauerte, bevor der König von Aram weitere Versuche unternahm, Israel anzugreifen.

Mein optimales Szenario hätte den Tod der feindlichen Armee eingeschlossen. Gottes optimales Szenario war, dass kein Blut vergossen und ein Fest gefeiert wurde. Mein optimales Szenario hätte die feindliche Armee geschwächt und ihre Angriffsfähigkeit behindert. Gottes optimales Szenario beendete den Angriffswunsch des Feindes und auch die Feindseligkeiten für lange Zeit.

Gottes Wesen

Elisas viele Begegnungen mit dem Herrn lehrten ihn, nicht nur nach Gottes Hand, sondern auch nach seinem Wesen Ausschau zu halten. Die feurigen Wagen waren nicht zur Zerstörung der Aramäer da, sondern zum Schutz Elisas. Aus menschlicher Sicht könnten wir annehmen, dass diese Dinge gleich wären, aber Gott sah es anders, und weil er schaute und zuhörte, sah es auch Elisa so.

Es gibt (im Englischen) zwei Definitionen für das Wort *Offenbarung,* die ich mag:

1. Das Bekanntmachen von etwas, das bisher geheim oder unbekannt war.
2. Menschen wird etwas durch Gott oder übernatürlich enthüllt, das sich auf die menschliche Existenz oder die Welt bezieht.[1]

Offenbarung ist, dass Gott uns enthüllt, wie er mit uns umgeht. Offenbarung ist, dass Gott uns zeigt, wie er funktioniert (wirkt), wie die Welt funktioniert und wo unser Platz in Bezug auf beide ist. Diese Informationen sind oft geheim – nicht, weil er sich verbergen will, sondern weil er die Kraft der Entdeckung versteht. Wir müssen uns daran erinnern, dass wir endliche Menschen in einer Beziehung zu einem unendlichen Gott sind. Ich kann mir derzeit kein Modell des Universums vorstellen, in dem eine echte Beziehung zu einem so großartigen Gott wie dem unseren auf andere Weise geschehen könnte als durch einen stetigen Prozess der Offenbarung, eine langsame Enthüllung.

Ich vergleiche den Prozess der Offenbarung gerne mit einer Ostereiersuche. Würde das Ziel einer Ostereiersuche darin bestehen, Eier möglichst erfolgreich vor meinen Kindern zu verstecken, dann könnte ich dieses Ziel jedes Mal erreichen. Warum? Weil ich eine Schaufel nehmen und einige davon 3 m unter der Erde begraben würde, andere würde ich mit Hilfe einer Leiter auf meinem Dach verstecken und die restlichen würde ich in eine Schachtel packen und in die Mongolei schicken. Zum Glück für meine Kinder ist der Sinn einer Ostereiersuche nicht, dass die Eier versteckt sind, sondern dass sie gefunden werden.

Als ein Vater, der seinen Kindern gerne eine Freude bereitet, lege ich die Eier jedoch nicht nur einfach in die Mitte des Rasens, und fertig, sondern dorthin, wo sie sie finden können, aber sie sollen auch die volle Kapazität ihres sich entwickelnden Verstandes

[1] Übersetzt aus: *Oxford American Dictionary, 3rd ed.* (Oxford, England: Oxford University Press, 2010), siehe „revelation".

nutzen müssen, um sie zu entdecken. Wo ich die Ostereier verstecke, hat sich mit dem Alter meiner Kinder verändert. Früher verteilte ich die meisten auf dem Rasen und versteckte ein paar unter Steinen oder Büschen. Später fing ich an, sie in den niedrigen Ästen der Bäume, unter unauffälligem Spielzeug oder unter den dasitzenden Großeltern zu verstecken. Ich könnte sie auch an Orten verstecken, die leicht zu sehen, aber schwierig zu erreichen sind, oder dort, wo sie sie am wenigsten erwarten, oder ich lege eine Reihe von leicht zu findenden Eiern, die zu einem weiteren führen, das sehr schwer zu finden ist. Was auch immer ich tue, ich verstecke die Eier, damit sich meine Kinder intelligent und fähig fühlen, wenn sie sie finden. Ich gebe gerne Hinweise, aber zunächst nur ungenaue, damit ich so viel wie möglich von dem Gefühl des Entdeckens, der Intelligenz und Fähigkeit wahren kann, das damit einhergeht, wenn ich etwas Verborgenes entdecke.

Gott lädt uns ein, sein Wesen zu entdecken. Auch hier sind wir endliche Wesen in der Beziehung zu einem unendlichen Gott. Der Weg der Offenbarung mag sich anstrengend oder sogar grausam anfühlen, wenn wir uns fern von ihm oder entmutigt fühlen, aber dies gibt uns die Möglichkeit, unser Vertrauen auf unseren himmlischen Vater zu erweitern. Wenn wir glauben, dass er sich *vor* uns versteckt, dann fühlt sich der Prozess der Offenbarung wie ein fruchtloses Unterfangen an. Wenn wir aber glauben, dass er sich *für* uns versteckt, dann ist es eine Reise voller Abenteuer, Entdeckungen und tiefster Intimität.

Die Offenbarungen, die wir durch das Sehen im Geist erhalten, sollen, zusammen mit jeder anderen Quelle, dazu dienen, unser Herz und unseren Sinn mit dem Wesen Gottes vertraut zu machen. Wenn wir nicht zulassen, dass die Offenbarungen, die wir empfangen, unser Herz und unser Denken verwandeln, dann gibt es keinen Grund für Gott, uns mehr Offenbarung zu geben – nicht weil er launisch oder geizig wäre, sondern weil wir mit ziemlicher Sicherheit nicht in der Lage wären, diese Offenbarung zu empfangen, auch wenn sie direkt vor uns läge, weil Gott sich uns Schritt für Schritt und von Herrlichkeit zu Herrlichkeit offenbart. Wenn uns ein Stück von dem, was er ist, fehlt, sind wir schlecht gerüstet, um mehr von dem zu empfangen, wer er ist.

Heilung sehen

Als ich mein erstes Jahr an der *Bethel School of Supernatural Ministry* in Redding, Kalifornien, begann, war ich skeptisch, was die vielen Zeugnisse über körperliche Heilungen anging, die ich aus der Schule und Gemeinde dort hörte. Ein paar Menschen waren in der Gemeinde, in der ich aufgewachsen bin, geheilt worden, vielleicht ein oder zwei pro Jahr, aber die Leute bei Bethel berichteten jede Woche über Dutzende von Heilungen, manchmal sogar mehr. Ich konnte einfach nicht glauben, dass Gott so viele Menschen heilte.

Wir beteten in meiner Gemeinde ziemlich oft für Heilung, mindestens ein- oder zweimal im Monat. Ich sah dabei, dass Dinge im Geist geschahen, wenn Menschen beten – es passiert immer etwas, wenn gebetet wird –, aber ich konnte diese Dinge nie ganz klar sehen. Einmal beteten wir für jemand, der vor einer Rückenoperation stand. Als die Leute sich um diese Person herumstellten, um zu beten, sah ich etwa sechs oder sieben Engel um sie herumkreisen. Die Engel hatten goldene Flügel auf dem Rücken, trugen silberfarbene Gewänder und hielten etwas in der Hand. Doch egal, wie ich die Augen zusammenkniff oder den Kopf drehte, konnte ich die Objekte in ihren Händen nicht scharf sehen. Ich konnte jedes Detail der goldenen Federn sehen, die ihre Flügel bildeten, aber die Gegenstände in ihren Händen sahen verschwommen und undeutlich aus, als hätte jemand Fett über diese Teile des Bildes geschmiert. Ich konnte nur sehen, dass scheinbar jeder Engel das gleiche Ding in den Händen hielt und dass dieses etwa die Größe eines Baseballschlägers hatte.

Was auch immer es war – als die Leute anfingen, für den Mann zu beten, streckte jeder Engel sein Objekt nach vorne. Das ganze Bild verschwamm einen Moment lang, als sie beteten, und dann begann der Mann auf und ab zu springen und erklärte, der Schmerz sei verschwunden. Später erfuhr ich, dass er die Operation absagen konnte.

Ein anderes Mal ging eine Gruppe von etwa zehn Personen zum vorderen Teil der Kirche, um wegen verschiedener Krankheiten für sich beten zu lassen. Als die ganze Gemeinde betete, sah ich einen verschwommenen Fleck von schillerndem Licht, der über diese Gruppe hin und her brauste. Wie zuvor, bei den Gegenständen in den Händen der Engel, konnte ich, egal was ich tat, das Licht nicht klarer sehen. Im Anschluss berichtete nur eine Person, dass sich ihr Zustand verändert habe.

Es lief darauf hinaus, dass die meiste Zeit, in der wir für die Heilung von Menschen beteten, etwa jeder Zehnte geheilt wurde. Und ich konnte normalerweise nicht besonders gut erkennen, was dabei im Geist geschah, egal, wie es ausging.

Heilung erschien mir eine heikle Sache zu sein, als müsse man alles richtig machen. Hatte jemand – die kranke Person oder einer der Beter – keinen Glauben oder eine geheime Sünde, dann funktionierte es einfach nicht. Betete man zu laut oder zu leise, zu kurz oder zu lange, funktionierte es nicht. War es nicht der richtige Zeitpunkt oder der richtige Ort oder hatte die betende Person einfach nicht die Gabe der Heilung, funktionierte es nicht. Gott wollte heilen – natürlich; welcher gute Gott würde es nicht wollen –, aber Heilung war eine heikle Sache, die meist von unvollkommenen Menschen vermasselt wurde. So sah ich es zumindest, aber dann wurde meine Sicht von Heilung gänzlich zerstört, als bei einem Freund von mir Leukämie diagnostiziert wurde.

Er war noch jung, nur ein paar Jahre älter als ich, und die Krankheit traf ihn hart. Er war monatelang immer wieder im Krankenhaus, an einem Tag am Rande des Todes, am nächsten dann wieder auf dem Weg zur Besserung. Trotz der dramatischen Schwankungen in seiner Gesundheit behielt er eine unglaublich positive Einstellung und eine bemerkenswerte Hingabe an den Herrn bei. Er vertraute Gott vollkommen, war ihm voll und ganz ergeben und fast jedes Mal, wenn er mal wach war, nutzte er, um Gott zu suchen. Abgesehen davon war mein Freund einfach nur sehr nett; er war rücksichtsvoll und freundlich, höflich und ehrlich. Er verbarg sein Leiden nicht, konnte aber trotzdem humorvoll über seine Not sein. Er war gut. Ich kann es nicht besser ausdrücken. Er war natürlich nicht perfekt, wie keiner von uns, aber er war gut.

Die ganze Gemeinde betete unerbittlich für ihn, andere Gemeinden beteten regelmäßig für ihn und auch ich betete für ihn.

Jedes Mal, wenn ich ihn im Krankenhaus besuchte, sah ich nie weniger als sechs oder sieben Engel, die ihn umgaben. Sie wischten seinen Kopf mit in Öl getauchten Tüchern ab, schlugen mit den Flügeln über die Maschinen, die sein Blut reinigten, und tanzten, wenn er während seiner Behandlungen Anbetungsmusik abspielte.

Ich konnte mir nicht vorstellen, dass er nicht geheilt werden würde, und war überrascht, dass es so lange dauerte. Ich vermutete, Gott würde wohl auf einen besonders dramatischen oder schönen Moment warten, um meinen Freund zu heilen – wenn mindestens ein paar hundert Menschen auf einmal gerettet würden. Vielleicht diente sein Leiden ja einem höheren Ziel oder führte zu einem bedeutungsvollen Crescendo.

Als es meinem Freund in einem Sommer etwas besser ging, gingen seine und meine Familie gemeinsam campen. Er sagte mir zum ersten Mal, er habe schon immer Engel sehen wollen, und bat mich, dafür zu beten, dass er die Gabe des Sehens im Geist erhält. Ich stand hinter ihm, als wir um das Lagerfeuer saßen, und legte meine Hände auf seine Schultern. Ich betete ein einfaches Gebet. Ich bete immer nur, bis ich sehe, dass die Gabe angekommen ist.

Sofort sah mein Freund, wie ein Paar baumgroße Arme vom Himmel herabkamen, die eine goldene Schale voller Öl und Gewürze hielten. Sie gossen diese Mischung über ihn und bedeckten ihn von Kopf bis Fuß mit prickelnder Wärme. Er sah Engel, die rund um unseren Campingplatz auf- und abstiegen, während wir in dieser Nacht gemeinsam anbeteten. Den Rest seines Lebens sah er jeden Tag Engel, was leider nur wenige Wochen länger dauerte. Sein Vater erzählte mir später, er habe Lobpreislieder gesungen und über die Engel gesprochen, die er sah, als der Krankenwagen ihn am letzten Tag seines Lebens ins Krankenhaus brachte. Er war gut.

Unsere ganze Gemeinde war schockiert und erschüttert, ebenso wie die anderen Gemeinden, die für ihn gebetet hatten, und auch ich war schockiert und erschüttert. Sicher, ich glaubte, dass Heilung heikel ist. Ich dachte, man müsse die Dinge einfach richtig machen und auch die Person müsse fehlerfrei sein. Das Problem war, dass ich mir niemanden vorstellen konnte, der eine Heilung mehr verdient gehabt hätte als mein Freund. Er hatte Glauben, der mich jedes Mal inspirierte, wenn ich im selben Raum war wie er. Er hatte eine Freude, die seine Umstände weit überragte. Er war Gott auf eine Weise hingegeben, die mich herausforderte, ihm noch mehr von meinem Leben zu geben. Bestimmt hatte er es verdient, geheilt zu werden.

Vielleicht hatte nicht jeder, der für ihn betete, sein Herz am rechten Fleck, aber es gab so viele Menschen, die sich mühten, dass er geheilt wurde. Zumindest einige von ihnen mussten es doch wohl aus echtem Glauben tun. Wenn mein Freund nichts getan hatte, was ihn für die Heilung disqualifizierte, und es Menschen voller Glauben gab, die um diese Heilung kämpften, warum war er dann nicht geheilt worden? Warum ist er gestorben? Ich glaubte, dass Gott gut war – ich hatte bereits zu viel von seinem Wesen gesehen, als dass selbst dieser Schmerz meinen Glauben daran hätte erschüttern können – aber trotzdem war mein Freund tot.

Meine einzige Schlussfolgerung war, dass Gott wohl ein höheres Ziel mit der Krankheit und dem Tod meines Freundes gehabt hatte, dass diese Tragödie zu einem ansonsten unerreichbaren Guten führen würde, dass mein Freund vielleicht sogar irgendwie diesem Auftrag zugestimmt hatte und dass er nun im Himmel saß und mit der Befriedigung auf uns herabblickte, dass er den Weg für Gottes Pläne geebnet hatte.

Wenn ich den Charakter anderer nicht mehr dafür verantwortlich machen konnte, dass es so wenig Heilung gab, dann musste es wohl so sein, dass Gott in bestimmten Fällen die Krankheit benutzte, um seine guten Werke zu vollbringen. So musste es doch sein, oder?

Der Schlüssel

Aus diesem Grund begann ich mein erstes Jahr bei Bethel, einem Ort, der für seine Heilzeugnisse bekannt ist, mit einer gewissen Skepsis. Warum sollte Gott so viele Menschen heilen? Würde das nicht die Ziele untergraben, die er mit dieser Krankheit hatte?

Es dauerte nicht lange, bis mir klar wurde, dass die Menschen bei Bethel eine ganz andere Sicht in Bezug auf Heilung hatten als ich. Ein Lehrer nach dem anderen sprach darüber, dass es immer Gottes Wille sei zu heilen, dass er Krankheit nicht benutze, um seine Pläne zu verwirklichen, und dass Heilung ein normaler Teil des christlichen Lebens sein sollte. So gefällig diese Ideen auch waren, konnte ich dennoch keinen Weg finden, sie mit meiner Erfahrung in Einklang zu bringen. Wenn Gott immer heilen wollte, warum war dann mein Freund nicht geheilt worden? Es konnte natürlich sein, dass mein Freund eine geheime Sünde oder einen tief verborgenen Mangel an Glauben gehabt hatte, aber ich hatte kein Zeichen von so etwas gesehen. Außerdem war der Gedanke, dass er etwas getan haben könnte, um seine Heilung zu verhindern, absurd.

Als ich bei Bethel weitere Zeugnisse und Lehre über Heilung hörte, begann meine Hoffnung zu wachsen. Vielleicht, nur vielleicht, war ja, ungeachtet dessen, was mich die Erfahrung gelehrt hatte, Heilung doch mehr verfügbar, als ich dachte. In der Bibel wurde jeder Mensch, der zu Jesus kam, völlig geheilt. Ich könnte die Ausrede finden, dies sei nur darauf zurückzuführen, dass er der Sohn Gottes war, aber das wäre nicht im Einklang mit seinen Anweisungen an seine Jünger und Nachfolger. Jesus beauftragte seine Jünger, die Kranken zu heilen, und versprach, sie würden noch größere Dinge tun, als sie es bei ihm gesehen hatten. Offenbarung um Offenbarung begann ich zu spüren, wie meine Hoffnung weiterwuchs.

Nach ein paar Monaten in der Schule bekamen wir Schüler die Erlaubnis, nach den Gottesdiensten am Sonntag für Menschen zu beten. Ich ging in der Kirche nach vorne und war nervös und aufgeregt. Es gab mindestens zwanzig Studenten, die den vorderen Teil des Gottesdienstraums säumten und bereit waren, für jeden zu beten, der das wollte. Nach nur wenigen Sekunden kam jemand auf mich zu.

Er sagte mir, er habe starke Rückenschmerzen. Er hatte sich schon seit mehreren Monaten mit den Schmerzen herumgeschlagen und machte sich langsam Sorgen, dass es etwas Ernstes war. Ich legte meine Hand auf seine Schulter und begann zu beten.

Zuerst betete ich ein allgemeines Gebet: „Rücken, sei geheilt im Namen Jesu." Nichts passierte.

„Ich setze das heilende Öl des Himmels frei, dass es seinen Rücken hinabläuft." Immer noch nichts.

Ich versuchte, meine Stimme mit etwas mehr Autorität zu füllen: „Ich befehle seinem Körper, mit dem Himmel in Einklang zu kommen. Ich befehle allen Schmerzen zu gehen." Wieder nichts.

Da ich nicht sicher war, was ich sonst noch beten sollte, blieb ich still und runzelte meine Stirn, sodass es aussah, als würde ich mich eher konzentrieren als in Panik geraten. All die Ängste und Zweifel, die meine Gedanken plagten, nachdem mein Freund gestorben war, wollten meine Gedanken wieder in Beschlag nehmen: Gott will nicht jeden heilen. Heilung ist knifflig und muss präzise durchgeführt werden. Wahrscheinlich stimmt etwas nicht mit dir oder deinem Gebet.

Ein leises Flüstern übertönte meine ratternden Gedanken: „Warum schaust du nicht in den Geist?"

Eine kalte Angst packte mich. Dutzende von Erinnerungen an all die Zeit, in der ich während seiner langen Krankheit Engel um meinen Freund herum gesehen hatte, gingen mir durch den Kopf. Ich wurde an all die kleinen Hoffnungsschimmer erinnert, die ich hatte, wenn ich die Gegenwart von Engel-Helfern während der Zeit der Not meines Freundes sah, und an das Gefühl, das ich hatte, als jede dieser Hoffnungen nach seinem Tod in Stücke zerfiel.

Selbst in dieser vergleichsweise einfachen Situation, als ich für eine mir kaum bekannte Person für ein Problem betete, das überhaupt nicht lebensbedrohlich war, hatte ich Angst, meine Hoffnungen würden wieder zerstört werden. Tief in meinem Inneren wusste ich jedoch, dass meine Weigerung, den Mut zu finden, es noch einmal zu versuchen und noch einmal zu glauben, dazu führen würde, dass diese Fragmente erschütterter Hoffnung für immer auf dem Grund meines Herzens verbleiben würden. Mein Herz davor zu schützen, verletzt zu werden, würde nur die Hoffnungslosigkeit verfestigen, die sich dort befand. Der einzige Weg, eine hinausgezögerte Hoffnung zu heilen, besteht darin, das Risiko einzugehen, wieder zu hoffen.

Ich sah im Geist. Ein Engel stand auf der anderen Seite des Mannes und legte eine Hand auf seine Schulter. Ich erkannte ihn sofort als seinen persönlichen Engel. Seine Augen waren im Gebet geschlossen, aber er öffnete sie kurz und schenkte mir ein kurzes Lächeln, mit dem er meine Anteilnahme an seinem Menschen würdigte und bestätigte, bevor er zu seinem Gebet zurückkehrte.

Meine Augen wanderten nach unten auf den Rücken des Mannes. Als ich sie fokussierte, sah ich einen verschwommenen Fleck zwischen seinen Schulterblättern. Eine weitere Welle der Frustration traf mich. Alles, was mit Heilung zu tun hatte, war fast immer verschwommen oder abstrakt, sodass es nichts nützte. Was sollte ich mit einem verschwommenen Fleck machen?

„Stell eine Frage", flüsterte der Heilige Geist.

Ich legte zwei Finger auf den Rücken des Mannes und zog einen Kreis um den verschwommenen Ort. „Ist das der Ort, an dem es wehtut?"

„Ja", sagte er. „Das ist das Zentrum davon. Von dort geht es irgendwie aus."

In dem Moment, als er sprach, konnte ich die verschwommene Masse deutlich sehen. Es war eine kleine Klammer von ungefähr der Größe meiner Faust mit mehreren Metallzinken, die zwischen seinen Schulterblättern seine Wirbelsäule umklammerte. Aus der Klammer ragte ein einfacher, flacher Metallschlüssel heraus.

Eines der Fragmente der Hoffnung vom Grunde meines Herzens sagte: „Könnte es wirklich so einfach sein?"

Die Stimme des Heiligen Geistes antwortete: „Es könnte."

Da ich mich dämlich und unsicher fühlte, beugte ich mich zu dem Mann hin und sagte: „Ich sehe ein Bild von einer Klammer mit einem Schlüssel, der an dieser Stelle an Ihrer Wirbelsäule befestigt ist. Ich werde einfach in einer prophetischen Handlung diesen Schlüssel drehen."

Nachdem der Mann zugestimmt hatte, legte ich meine Hand auf den Schlüssel. Ich fühlte nur Luft unter meinen Fingern, als ich ihn drehte.

„Links locker", sagte ich mir und erinnerte mich an das erste Mal, als mein Vater mir beibrachte, wie man einen Steckschlüssel benutzt. Ich drehte den Schlüssel drei volle Umdrehungen nach links und fühlte nichts, sah aber, dass sich der Schlüssel mit der Bewegung meiner Hand drehte.

Der Mann richtete sich mit jeder Drehung etwas mehr auf. Ich lehnte mich nach der letzten Drehung nach vorne und fragte: „Spüren Sie etwas?"

„Ja!", sagte er und drehte sich mit einem Schimmer von Freude in seinen Augen um. „Die Enge und der Schmerz in meinem Rücken wurden weniger und immer weniger, und jetzt ist es komplett weg." Er beugte sich auf diese und jene Weise, um die frühere Verletzung zu prüfen. „Ja!", sagte er noch einmal. „Es ist hundertprozentig besser." Er dankte mir und ging und machte Platz für die nächste Person in der Reihe.

Diese Person hatte starke Kopfschmerzen. Sie war nach meinem ersten Gebet geheilt.

Die nächste Person hatte ihre Hand viele Jahre zuvor verletzt und konnte sie immer noch nicht vollständig schließen. Schon nach drei Minuten Gebet konnte sie eine Faust machen, ein „Daumen-hoch"-Zeichen machen und ihre Hand frei bewegen.

Offenbarung begründet Wahrheit

An diesem Tag erlebte ich, dass insgesamt fünf Menschen geheilt wurden. Seitdem habe ich viele Dutzende Heilungen erlebt, aber auch, dass viele Dutzende nicht geheilt wurden. Aber als ich mich an diesem Tag meiner Hoffnungslosigkeit stellte, änderte sich etwas. Seitdem ich mich entschieden habe, das Risiko einzugehen zu glauben, dass es immer Gottes Wille ist zu heilen, und ich den Mut gefunden habe, im Geist danach zu suchen, habe ich festgestellt, dass ich jedes Mal seine Bereitschaft zu heilen sehe.

Seit diesem Tag habe ich jedes Mal, wenn ich für die Heilung gebetet habe, gesehen, dass die Heilung zugegen war. Auch jedes Mal, wenn ich gesehen habe, dass jemand anderes um Heilung betete, habe ich gesehen, dass die Heilung zugegen war. Sie zeigt sich nicht immer auf die gleiche Weise. Manchmal sehe ich einen Engel, der eine Schale mit Heilung in den Raum trägt. Manchmal tropft die Heilung wie dickes, grünes Öl von meinen Händen. Manchmal sehe ich sie wie eine Flut durch den ganzen

Raum brausen. Manchmal sehe ich sie als einen Brunnen mit frischem, sauberem Wasser, der aus dem Boden sprudelt. Aber sie ist immer da.

Obwohl ich jedes Mal sehe, dass die Heilung zugegen ist, erlebe ich nicht, dass sie sich jedes Mal oder sogar meistens in der Person manifestiert. Manchmal ist es klar, warum das so ist. Manchmal ist die Bitterkeit oder Unversöhnlichkeit im Herzen einer Person so stark, dass man nicht einmal im Geist sehen muss, um zu erkennen, dass sie da ist.

Einmal betete ich für eine Frau, die stechende Nervenschmerzen im ganzen Körper hatte und im Gesicht teilweise gelähmt war. Ihre Beschreibung ihrer Krankheit beinhaltete mehrere Nebenbemerkungen über ihren Mann, der gerade mit einer Frau, die nur halb so alt war wie sie, durchgebrannt war. Als ich wegen dem Schmerz in ihrem Körper betete, sah ich einen Engel neben ihr stehen, der eine säulenförmige grüne Flamme in der linken Hand hielt. Jedes Mal, wenn ich betete, streckte der Engel seine Hand aus, um das Feuer in ihre Brust zu schieben, aber sobald die Flamme nur noch ein paar Zentimeter von ihr entfernt war, erlosch sie. Wenn der Engel seine Hand zurückzog, entzündete sich die Flamme wieder, aber wenn er sie zu ihr hinstreckte, ging die Flamme immer aus. Nach dem dritten Versuch begann der Engel zu weinen.

Ich versuchte sie darauf anzusprechen, ihrem Mann zu vergeben, aber sobald ich ihn erwähnte, wurde ihr Ausdruck steinig.

„Warum sollte ich ihm verzeihen?", sagte sie mit zusammengekniffenen Lippen. „Es tut ihm nicht leid. Es ist ihm egal. Wie könnte ich so etwas überhaupt vergeben?"

Dabei weinte der Engel weiter und sagte: „Er würde dir auch *das* geben, wenn du es nur nehmen würdest."

Sie wandte sich ab und ging, bevor ich ihr sagen konnte, dass Gott in der Lage war, uns etwas so Unmögliches wie Vergebungsbereitschaft zu schenken, ebenso wie er in der Lage war, etwas so Unmögliches wie Heilung zu schenken.

Manchmal ist es klar, warum jemand nicht geheilt wird, aber manchmal ist es überhaupt nicht klar. Einmal war ich Teil des Gebetsteams bei einer Heilungsveranstaltung und erlebte, dass drei Leute hintereinander geheilt wurden. Eine davon hatte mehrere Jahre zuvor einen schweren Busunfall und immer noch kleine Glasscherben in ihrem Gesicht. Während wir beteten, fielen Glasscherben in ihre Hände und die Schwellung, ein Überbleibsel der Versuche der Ärzte, den Schaden zu beheben, begann zu verschwinden. Als wir fertig waren, sah sie aus wie eine ganz andere Person.

Nach einem solchen Wunder fühlte ich mich bereit, fast alles anzupacken. Mein Herz war wie aufgeblasen vor Glauben. Die nächste Frau, die zu mir kam, hatte mehrere Jahre lang mit Rückenschmerzen zu kämpfen. Nachdem ich nur wenige Minuten zuvor ein so unglaubliches Wunder miterlebt hatte, fühlte sich das Gebet für ein so kleines Problem wie eine reine Formalität an. Doch egal, wie wir beteten, der Zustand der Frau verbesserte sich nicht. Ein Engel stand direkt hinter der Frau mit Heilöl, das aus seinen Händen tropfte. Ich sah und erkannte nichts, was diese Frau daran hinderte, ihre Heilung zu empfangen, und ich fühlte mich voller Glauben – mehr als je zuvor in meinem Leben –, aber trotzdem ging sie mit der Krankheit, mit der sie kam, wieder weg.

Einige Jahre später war ich bei einer anderen Veranstaltung und es lief schrecklich. Ich hatte starke Kopfschmerzen, die meisten Anwesenden passten nicht auf, als ich lehrte, und gerade als das Treffen vor dem Abschluss stand, spürte ich die Gegenwart des Heiligen Geistes, der Heilung freisetzen wollte.

„O nein", dachte ich, „ich will, dass es vorbei ist. Ich will schlafen gehen. Dieses Treffen war schrecklich. Bitte lass es vorbei sein." Aber die Gegenwart des Heiligen Geistes ließ nicht nach und zog sich nicht zurück. Weil mir klar war, dass ich es mehr bereuen würde, seine Einladung zu ignorieren, als nicht das zu bekommen, was ich wollte, lud ich mein Team nach vorne ein, um für diejenigen zu beten, die Schmerzen hatten oder krank waren.

Ein Mann mit einem dicken und abgenutzten Rückenkorsett humpelte zu mir her. Er war mindestens 170 Kilo schwer und roch nach abgestandenem Bier. „Ich bin seit siebzehn Jahren Frührentner wegen Erwerbsunfähigkeit", sagte er mit starker Stimme. „Schmerztabletten helfen nicht mehr. Sie sind mir egal.

Ich kann mich nicht einmal bücken, um auf meine Füße zu schauen." Er demonstrierte sein Problem und krümmte seine Schultern in einem vorsichtigen Versuch, sich nach vorne zu beugen. Er zuckte bei dem Schmerz zusammen, den die Anstrengung ihm verursachte. „Als ich mich das letzte Mal bückte, um die Fernbedienung des Fernsehers aufzuheben, kippte ich fast um."

„Gut", sagte ich und unterbrach ihn, als er noch weitere Details zu seiner Geschichte hinzufügte, „Lass uns dann beten".

Mein Kopf hämmerte immer noch vor Schmerz und mein Glaube war weit unter Null. Ich streckte meine Hand zu seinem Rücken hin und dachte: „Das wird nicht passieren."

Als meine Hand noch knapp 10 cm vom Rücken des Mannes entfernt war, gab er einen lauten Schrei von sich.

„Boah!", schrie er. „Wow! Heiliger Strohsack!" Er bückte sich nach vorne, berührte seine Zehen und riss sich dann hoch und nach hinten. Dann beugte er sich zur einen Seite und dann zur anderen.

„Wow, Prediger. Ich habe gespürt, wie die Hitze durch meinen ganzen Rücken schoss. Der Schmerz ist weg. Ich habe mich seit siebzehn Jahren nicht mehr so gefühlt", sagte er und drehte und renkte sich weiter in alle Richtungen. „Was hast du getan?"

„Nichts", sagte ich, meine Kinnlade hing irgendwo in der Nähe des Bodens. „Ich habe definitiv nichts getan."

Ich weiß nicht, warum einige Menschen geheilt werden und andere nicht. Warum sollte eine Person geheilt werden, wenn ich wenig oder gar keinen Glauben und eine schlechte Einstellung hatte, während eine andere nicht geheilt wird, obwohl viel Glauben vorhanden ist? Warum wurde mein Freund nicht geheilt, obwohl er von einer solchen Hoffnung umgeben und von einem solchen Glauben erfüllt war? Ich kenne nicht alle Antworten auf diese Fragen. Aber seit ich den Mut hatte zu glauben, dass es Gottes Wunsch ist, dass alle geheilt werden, und dass Jesus mit seinem Opfer am Kreuz für jede Heilung bezahlt hat, fing ich an zu sehen, wie viel Heilung zur Verfügung stand.

Offenbarung verändert

Ein grundlegendes Prinzip, um in der Gabe des Sehens zu wachsen und sie zu entwickeln ist, dass wir verstehen, dass Offenbarung uns verändert. Wenn wir im Geist sehen oder Offenbarung in irgendeiner anderen Form empfangen, soll das die Art und Weise, wie wir denken und handeln, verändern. Der Apostel Paulus sagt in 1. Korinther 14,3, dass die Gabe der Prophetie zur Erbauung, Ermahnung und zum Trost bestimmt ist. Manchmal wird das Wort *Erbauung* auch als „Ermutigung" oder „Aufbau" übersetzt. Das ist nicht ganz falsch, da ich glaube, dass Prophetie uns ermutigen und aufbauen soll, aber das ist nur ein Teil dessen, was das Wort *Erbauung* bedeutet. Das Wort, das mit „Erbauung" übersetzt wird, bedeutet: ein Gefüge oder Gebäude zu bauen. Es impliziert den Aufbau einer Struktur. Prophetische Worte und die Offenbarungen, die durch sie kommen, sollen wie Ziegelsteine und Mörtel in unserem Leben sein. Sie helfen uns, unsere Identität in Christus und unser Verständnis von seinem Reich aufzubauen. Sie sind nicht die Struktur selbst, so wie ein Ziegel kein Gebäude und Zement kein Fundament ist; sie sind Elemente, die sich, wenn sie den architektonischen Plänen des Himmels folgen, mit anderen Teilen zusammentun, um eine Manifestation dieser Struktur zu werden.

Als ich Heilung nur zum Teil verstand, sah ich auch nur einen Teil davon im Geist. In einem der vorigen Beispiele konnte ich die Engel sehen, die gekommen waren, um die Heilung freizusetzen, aber ich konnte die Werkzeuge bzw. die Objekte, von denen ich annehme, dass sie Werkzeuge waren, nicht sehen, die sie benutzten, um die Heilung freizusetzen. Im nächsten Beispiel konnte ich nicht mehr als eine abstrakte Darstellung der vorhandenen Heilung sehen. Ich konnte auch nicht verstehen, warum eine Person geheilt wurde, während neun andere nicht geheilt wurden. Ich konnte die Engel sehen, die anwesend waren, um meinem kranken Freund mit Trost und Anbetung zur Seite zu stehen. Ich konnte sogar Engel sehen, die den Versuch der Ärzte, ihn am Leben zu erhalten, zu unterstützen schienen, aber ich konnte Gottes Plan, ihn zu heilen, nicht sehen.

Erst als ich in einer Kultur war, die ein besseres Verständnis von Gottes Zielen mit Heilung hatte, und als ich mich entschied, das Risiko einzugehen, daran zu glauben, dass Gott wirklich jeden heilen wollte, konnte ich die Heilung sehen, die um mich herum zur Verfügung stand.

Das hat natürlich nicht dazu geführt, dass jeder Mensch, für den ich gebetet habe, von diesem Zeitpunkt an geheilt wurde. Aber ich konnte dadurch die Wahrheit erkennen, dass Gott immer zu heilen bereit ist. Von dem Moment an, an dem ich das Risiko einging, den Mann mit den Rückenschmerzen anzusehen und mit dem Heiligen Geist zusammenzuarbeiten, um die Heilung durch Drehen des Metallschlüssels, den ich gesehen hatte, freizusetzen, habe ich jedes Mal, in 100 Prozent der Fälle, gesehen, dass die Heilung kam, wenn man um sie bat.

In Wahrheit hat das bei mir mehr Fragen als Antworten hinterlassen. Warum wurde mein Freund nicht geheilt? Ist es meine Schuld, wenn ich für jemanden bete, der nicht geheilt wird? Oder ist es die Schuld der Person? Ist es überhaupt die Schuld von jemandem? Oder ist es ein anderer Faktor, den ich noch nicht berücksichtigt habe? Wenn Heilung jedes Mal verfügbar ist, ist das Problem dann, dass wir nicht wissen, wie wir darauf zugreifen sollen? Liegt es daran, dass wir nicht wissen, wie wir auf die Anweisungen Gottes hören sollen?

Ich weiß immer noch nicht, warum mein Freund nicht geheilt wurde, aber zu wissen, dass Gott heilen will, hilft mir, meine Hoffnungen und mein Herz in die richtige Richtung zu lenken. Es macht es auch einfacher, dem Drang zu widerstehen, in Bezug auf die Dinge, die ich nicht verstehe, zu einem Schluss zu kommen. Meine Schlussfolgerungen über Heilung hinderten mich daran zu sehen, was Gott zur Verfügung stellte. Aber ich habe diesbezüglich meine Lektion gelernt. Ich werde nicht mit einer Schlussfolgerung zufrieden zu sein, die nicht von ihm kommt. Weniger zu tun, würde bedeuten, mein Erbe aus kurzfristiger Bequemlichkeit zu verkaufen.

Ich benutzte das Beispiel der Heilung, weil es ein Winkel von Gottes Reich ist, der mich in der Vergangenheit herausgefordert hat; aber das Prinzip, uns von der Offenbarung verwandeln zu lassen, kann auf fast alles angewendet werden. Jede Geschichte in diesem und meinem vorherigen Buch sind Beispiele dafür, wie Offenbarungen meine Perspektive verändert haben. Schau noch einmal hin und du wirst sehen, wie sich meine Perspektive in Bezug auf Anbetung, meine Überzeugungen über Leiter in der Gemeinde, meine Meinungen über Menschen, die auf den ersten Blick seltsam erscheinen mögen, und meine Ansichten über viele andere Dinge durch die sich entfaltende Offenbarung des Wesens Gottes verändert und wächst.

Es gibt Aspekte der Anbetung, die ich im Geist nicht sehen konnte, bis ich anfing, die Dinge, die ich bereits sah, die Art und Weise verändern zu lassen, wie ich während der Anbetung dachte und handelte. Es gab Aspekte des Gebets, die für mich unklar und verwirrend waren, bis ich anfing, dem Heiligen Geist Fragen über seinen Plan für Gebet zu stellen. Ich konnte nur einen kleinen Prozentsatz der persönlichen Engel der Menschen mit einer gewissen Klarheit sehen, bis ich zuließ, dass die Dinge, die ich sah, und die Dinge, die Gott sagte, eine tiefe Grundlage der Liebe für jeden Menschen schufen, dem ich begegnete.

Die Gaben des Geistes sind nicht nur Werkzeuge, sondern auch Modelle und Ausdrucksweisen von Gottes Wesen – Bilder und Zeichen dessen, wer er ist –, und sie wirken am effektivsten, wenn sie in Übereinstimmung mit demjenigen funktionieren, der sie sich ausgedacht hat. Dies geht weit darüber hinaus, einen guten Charakter und eine starke Moral zu haben, nämlich dahin, dass wir am Wesen Gottes teilhaben, was ohne den Sieg, den Jesus am Kreuz gewonnen hat, unmöglich wäre.

Wenn du Wunder sehen willst, wenn du Menschen geheilt sehen willst, wenn du Engel sehen willst, wenn du erleben willst, dass Tote auferweckt werden, dass Menschen zu Tausenden in sein Reich kommen, dass der Himmel auf die Erde kommt, dann werde ein Schüler der Liebe Gottes. Sie ist die Grundlage seines Wesens und die Manifestation seiner Güte.

Sehen-im-Geist-Übung, Tag 2987

Ich hielt das Lenkrad mit beiden Händen so fest wie möglich, als ich gegen den Wind ankämpfte, der den mittelgroßen Lastwagen auf die nächste Spur zu schieben drohte. Ich war Teil eines Teams, das auf der Autobahn nach Süden fuhr und im nördlichen Teil Mexikos Dienst tun wollte, und war irgendwie ausgewählt worden, den Lkw mit dem Gepäck zu fahren. Eine weitere Windböe ließ das Führerhaus hin und her schaukeln, als ich mich bemühte, in meiner Fahrspur zu bleiben, ohne zu sehr korrigieren zu müssen und in den Straßengraben zu rutschen.

Die Reise war Teil meines ersten Jahres an der *Bethel School of Supernatural Ministry,* einer dreijährigen Schule in Redding, Kalifornien, die sich darauf konzentriert, Menschen auszubilden, so zu dienen, wie Jesus es vorgemacht hat. Die Schüler lernen, die Stimme Gottes deutlicher zu hören, Heilung für Kranke freizusetzen, eine tiefere Identität in Christus zu entdecken und eine weltweite Transformation anzustreben.

Fast dreihundert von uns fuhren in einer Karawane mit Dutzenden von Autos. Um uns so gut wie möglich zusammenzuhalten, gaben die Leiter jedem Fahrer ein Walkie-Talkie. Die meisten der Walkie-Talkies waren in der Hand leidenschaftlicher Schüler, und diese nutzten den größten Teil der Zeit, um den Leuten in den anderen Autos prophetische Worte weiterzugeben. Ich hatte sie ignoriert, vor allem, weil es fast meine ganze Aufmerksamkeit erforderte, dass der Wind den wackeligen Gepäckwagen nicht in die Leitplanken einer Brücke blies.

Gleich als der Wind nachließ, rief eine knisternde Stimme meinen Namen über den Funk aus: „Hey, Blake, das hier ist für dich."

Ich erkannte sofort die Stimme einer meiner engen Bekannten, und gleichzeitig spürte ich, wie eine Nervosität meine Wirbelsäule hochschoss. Meine Arme spannten sich an, meine Muskeln strafften sich und jeder Teil von mir machte sich bereit, als würde ich gleich von einem entgegenkommenden Güterzug gerammt werden. Noch bevor sie sprach, wusste ich, dass das Wort, das sie mir weitergeben wollte, mein Leben verändern würde, und obwohl das, was sie sagte, einfach war, war die Gnade, die Gott durch ihre Worte freigab, der Wendepunkt zwischen einer Lebensphase und der nächsten.

Sie sagte: „Es ist Zeit, aus der Höhle zu kommen."

Es war fast fünf Jahre her, dass ich den Versuch, meine Gabe des Sehens zu teilen, völlig aufgegeben hatte. Ich hatte einigen Leuten noch ein paar Dinge weitergegeben, aber diese Fälle konnte ich leicht an meinen Fingern abzählen. Ich sah immer noch im Geist – überall, wo ich jeden Tag hinkam. Ich sprach immer noch mit dem Heiligen Geist über die Dinge, die ich sah. Und je mehr ich mit ihm sprach, desto mehr sah ich.

Alles lief gut. Ich fühlte mich wohl. Ich fühlte mich mehr mit Gott verbunden als je zuvor. Ich fühlte zum ersten Mal, dass diese Gabe für etwas Gutes verwendet werden konnte. Das Sehen im Geist gab mir das Gefühl, Gott näher zu sein. Ich hatte ein kleines, nagendes Gefühl des Bedauerns, dass ich keinen Weg finden konnte, andere Menschen in das Gute einzuladen, das ich erlebte, aber ich hatte es bereits versucht und war oft genug gescheitert. Es gab einfach keinen Weg.

Als der Heilige Geist mir sagte, ich solle zu Bethel gehen, kämpfte ich monatelang dagegen an, weil ich wusste, dass der Besuch einer solchen Schule mich zwingen würde, die Dinge zu teilen, die ich sah. Ich war noch nicht für all die Aufmerksamkeit, Fragen und den Druck bereit. Ich war nicht bereit, dass wieder so wenig von der Herrlichkeit, die ich in den Dingen sah, sich in meinen Beschreibungen niederschlagen würde. Ich war nicht bereit, wieder zu versagen.

Ich lag ein ganzes Jahr mit dem Heiligen Geist im Clinch, bis ich schließlich nachgab. Obwohl ich schließlich zustimmte zu gehen, gab ich ihm ein Versprechen: „Ich werde auf diese, deine Schule gehen", sagte ich, „aber ich werde mit niemandem darüber sprechen, im Geist zu sehen. Wenn du willst, dass ich das tue, dann musst du es möglich machen."

Ich hielt mich an mein Versprechen, erzählte nur einer Handvoll Leuten von den Dingen, die ich sah, und bestand darauf, dass sie es niemand anderem weitererzählten. Ich lernte viel und wuchs viel, aber ich schaffte es, meine verborgene Gabe fast das ganze Schuljahr über geheim zu halten – also bis zum Ende des Schuljahres, wenn alle Schüler auf eine Missionsreise in verschiedene Teile der Welt gehen.

„Es ist Zeit, aus der Höhle zu kommen."

Diese acht Worte hallten in meinem Kopf immer wieder nach, als ich über die Interstate 5 nach Süden holperte und klapperte. Es war nicht das wortreichste oder detaillierteste prophetische Wort, das ich je erhalten hatte, aber jede der Silben war so heiß, dass sie immer noch in den Tiefen meiner Seele brannten. Sie ließen die ausgeklügelten Verteidigungsmauern schmelzen, die ich um meine Gabe herum aufgebaut hatte, sie verätzten die Wunden, die ich in der Vergangenheit erlebt hatte, wenn ich meine Gabe zu benutzen versuchte, und sie verbrannten jeden Versuch meines Verstandes, die reine und einfache Wahrheit zu leugnen: Es war Zeit, diese Gabe zu teilen. Es war an der Zeit, sofort loszulegen.

Ich begann zaghaft, aber sofort. Sobald ich mit dem Entladen meines Gepäcks in der Unterkunft in Mexiko fertig war, teilte ich einigen meiner Kameraden mit, wie ihre persönlichen Engel aussahen. Wir beteten als Team gemeinsam in einer kleinen Kapelle der Anlage, und ich gab das, was ich sah, einigen der Teammitglieder und Leiter weiter. Ich erzählte von den Schutzengeln, die ich bei uns sah, als wir in den Slums zum Dienst gingen. Ich erzählte von den Anbetungsengeln, die ich herumtanzen sah, als Studenten Musik für eine Gruppe von Kindern spielten.

Bis dahin lief alles ziemlich gut. Jedes Mal, wenn ich meinen Mund öffnete, um mitzuteilen, was ich sah, machte ich mich darauf gefasst, dass eine Flut überwältigender Fragen und Aufmerksamkeit auf mich einstürmen würde, aber ich war überrascht, wie sanft die Fragen meiner Kommilitonen waren. Es war nicht annähernd so überwältigend wie noch ein paar Jahre zuvor. Als die Reise weiterging, wurde ich immer mutiger, und fühlte mich selbstbewusster und sicherer, das, was ich sah, mitzuteilen. Am Ende unserer Zeit in Mexiko, als wir eine Gemeinde in den Bergen besuchten, spitzte es sich zu.

Da es so viele Studenten auf der Reise gab, teilten wir uns in kleinere Gruppen auf, um einige der örtlichen Gemeinden zu besuchen. Ich war in einem Team von etwa zehn Personen, das zu einer kleinen Gemeinde in den Bergen bei Tijuana ging. Da ich durch die Reihe kleinerer Erfolge, die ich bisher erlebt hatte, ermutigt war, beschloss ich, auf dem Weg dahin im Geist zu schauen, damit ich die Dinge, die ich sah, den Leuten in der Gemeinde erzählen konnte, wenn wir ihnen später an diesem Abend dienten.

Ich schaute aus dem Fenster, als wir durch Straßen voller Müll fuhren, an Häusern aus Planen und Spanplatten vorbei. Trotz der desolaten Armut konnte ich nicht anders, als eine gewisse Schönheit zu empfinden. Im Geist sah ich einen Fluss aus kristallklarem Wasser, der mit Millionen von Goldflocken gefüllt war und das Tal hinunterlief. Sofort wusste ich, ohne es noch einen Moment davor gewusst zu haben, dass es das Blut Jesu war. Als ich sah, dass es schnell lief und jeden Menschen und jedes Zuhause auf dem Weg berührte, spürte Ich Gottes Absicht und Aufmerksamkeit für das Tal. Er war hier, und er hatte etwas vor.

Als wir dann an der Kirche ankamen, einem einfachen quadratischen Gebäude aus grauen Betonsteinen, sah ich, dass sie im Geist kein Dach hatte. Engel bewegten sich frei und gingen auf und ab, als ein goldenes Licht von oben nach unten strömte und das Gebäude füllte. „Es gibt nichts zwischen ihnen und Gott", dachte ich. „Es gibt keine Trennung."

Wir gingen in das Gebäude, um die Handvoll Dolmetscher zu treffen, die uns an diesem Abend halfen. Ich sah zwei große Engel im Inneren, jeder etwa 6 m groß, von denen einer vor jedem Eingang stand. Sie trugen verzierte, farbenfrohe Gewänder und hielten ebenso verzierte Waffen. Sie sahen zu gleichen Teilen aus wie Krieger und Priester. Ich hatte den Eindruck, dass sie da waren, um Menschen sowohl auf ihrem Weg nach drinnen als auch auf ihrem Weg nach draußen zu segnen und zu schützen.

Nach dem Treffen mit unseren Dolmetschern ging das Team in das Dorf, um für die Menschen zu beten und sie zu dem Treffen später am Abend einzuladen. Ich notierte mir alles, was ich unterwegs sah, und konnte es kaum erwarten, es später der Gemeinde mitzuteilen.

Ein paar Stunden später stand ich auf der Bühne. Es waren etwas mehr als hundert Menschen, und der Abend war bis dahin bereits ein großer Erfolg. Zwei Menschen waren von Taubheit und eine Frau von Blindheit in einem ihrer Augen geheilt worden, und mehrere Menschen hatten prophetische Worte der Ermutigung und Hoffnung erhalten. Meine Nerven knisterten. Ich wollte nur ein paar der zufälligen Dinge mitteilen, die ich um ihre Kirche herum sah. Wie konnte man das damit vergleichen, dass Menschen geheilt wurden oder bestimmte Worte über ihre Identität und ihre Bestimmung bekamen? Trotzdem gab es jetzt kein Zurück mehr, da ich das Mikrofon bereits in der Hand hatte. Ich begann zu sprechen, in der Hoffnung, dass das, was ich zu sagen hatte, zumindest interessant sein würde.

Ich beschrieb, dass ich den Fluss des Blutes Jesu das Tal hinunterfließen sah und dass er jeden Menschen auf dem Weg berührte. Ich erklärte, dass im Geist ihr Gebäude kein Dach hatte, dass es nichts gab, was sie und Gott trennte. Ich beschrieb die beiden Engel, die in der Nähe der Eingänge standen, und dass sie dazu bestimmt waren, Menschen zu segnen, die hinein- und herausgingen.

Als ich damit fertig war, die Engel zu beschreiben, bemerkte ich, dass der Dolmetscher aufgehört hatte zu sprechen. Ich war verwirrt und drehte mich zu ihm hin. Da sah ich, dass er sich krümmte und weinte. Das verwirrte mich noch mehr. Ich drehte mich zu der Menge hin und sah, dass viele von ihnen ebenfalls weinten. Ich schaute wieder zum Dolmetscher hin, weil ich nicht wusste, wie ich weitermachen sollte.

„Du verstehst es nicht", sagte dieser und holte Luft. „Du verstehst es nicht. Du verstehst es nicht."

„Ich verstehe es nicht", stimmte ich innerlich zu und schüttelte den Kopf.

„Du verstehst es nicht", sagte er noch einmal und zeigte mit einem Finger auf mich. „Dieser Mann wurde von Gott gesandt." Meine Verwirrung wuchs weiter.

„Ich bin der Pastor in dieser Gemeinde", sagte der Dolmetscher. „Das ist meine Gemeinde. Das sind meine Leute. Alles, was du gesagt hast – alles, Wort für Wort, ist genau das, was wir gebetet haben. Wir haben gebetet, dass das Blut Jesu durch dieses Tal fließen möge. Wir haben Gott gebeten, mächtige Engel zu schicken, um unsere Türen zu bewachen. Wir haben gebetet, dass unsere Gemeinde völlig offen für den Himmel sein möge. Du verstehst es nicht."

Er drehte sich um und übersetzte alles, was er gerade gesagt hatte, ins Spanische, dabei hielt er häufig inne, weil ihn Wellen von Tränen überkamen.

Ich stand wie betäubt und still da. Ich konnte nicht ergründen, warum die Dinge, die ich mitteilte, die Gemeinde und den Pastor so stark betroffen hatten. Ich sah mich im Raum nach all den Dingen um, über die ich nicht gesprochen hatte. Ich sah ein halbes Dutzend Heilungsengel, von denen jeder einen tiefgrünen Umhang und ein Steinbecken voll glühendem, grünem Wasser trug. Ich sah Dutzende von bunten Bannern an den Wänden hängen, jedes einzigartig in Muster und Stil. Ich sah, wie Anbetungsengel, welche die Banner, die sie während der Anbetung geschwenkt hatten, wie Trophäen oder Plaketten zu den anderen an die Wand hängten. Ich sah ein Dutzend weiterer Engel, die sich durch den Raum bewegten und von manchen Leuten schlechte Dinge entfernten und in andere gute Dinge hineinlegten. Ich sah, dass die Gegenwart Gottes sich brausend und schlängelnd wie eine silberne und goldene Wolke durch den Raum bewegte und nach Orten und Menschen suchte, in die sie sich noch in größerer Fülle niederlassen konnte. Selbst dies ist nur ein Zehntel dessen, was in diesem Raum in diesem Moment geschah. Warum sollten die wenigen zufälligen Beobachtungen, die ich geschildert hatte, so beeindruckend oder wirkungsvoll sein? Warum gingen sie nicht davon aus, dass alles, wofür sie gebetet haben, auch eingetreten ist?

Dann hörte ich den Heiligen Geist sprechen. Er sagte: „Ich habe deinen Sinn erneuert", und plötzlich machte alles Sinn.

Ich war so frustriert gewesen, als ich versuchte, die Dinge, die ich gesehen hatte, mitzuteilen. Ich erlebte nichts als halbe Erfolge und Misserfolge. Ich konnte nicht herausfinden, wie ich die Gabe, die Gott mir gegeben hatte, nutzen konnte, um ihm zu dienen. In diesem Moment erkannte ich, dass sein erstes Ziel nicht darin bestand, mir eine Gabe zu geben, damit ich ihm dienen konnte – sondern er gab mir eine Gabe, damit ich ihn kennenlernen konnte.

Mehr als acht Jahre lang hatte ich das Sehen im Geist geübt. Ich sah Tausende Engel, geistliche Aktivitäten in Hunderten von Gottesdiensten und viele Dutzende anderer Beispiele für seine manifeste Gegenwart. Jedes war eine Momentaufnahme seiner unendlichen Güte, Freundlichkeit und Gnade. Jede dieser Momentaufnahmen hatte Stück für Stück die Art und Weise, wie ich die Welt sah, völlig verändert – nicht nur die Art und Weise, wie ich sie mit meinen Augen sah, sondern auch die Art und Weise, wie ich sie in meinem Herzen sah und wie sie in meinem Kopf durchdrang.

Der Gedanke, dass es für den Pastor eine große Offenbarung sein würde, dass die Dinge, für die er und seine Gemeinde gebetet hatten, geschehen waren, war mir fremd – nicht weil ich so heilig, voller Glauben oder so etwas wäre, sondern weil ich bereits gesehen hatte, wie der Himmel auf zehntausend andere Gebete reagiert hatte. Es machte so viel Sinn wie die Schwerkraft. Ich muss keinen Glauben dafür haben, dass ein Ball zu Boden fällt, wenn ich ihn loslasse. Ich habe es zehntausend Mal erlebt; so funktioniert die Welt eben.

Ich dachte an all die Male zurück, in denen ich Frustration oder Enttäuschung erlebt hatte, als ich versuchte, die Dinge, die ich sah, anderen mitzuteilen. Manchmal war es schwer, weil ich nicht wusste, wie ich die Dinge, die ich sah, erklären oder beschreiben sollte, und manchmal war es schwer, weil ich mehr Aufmerksamkeit bekam, als ich wollte, aber es war immer schwer, weil ich nie erlebte, dass sich die Schönheit und Gnade, die ich erlebte, wenn ich himmlische Dinge sah, in den Augen der Menschen widerspiegelten, denen ich es mitteilte. Obwohl ich nicht ganz verstand, was diese Schönheit und diese Gnade waren bzw. woher sie kamen – es fühlte sich grundlegend falsch an, wenn sie nicht freigesetzt wurden, wenn ich mitteilte, was ich sah.

Als ich auf dieser Bühne in Mexiko stand, erkannte ich, dass die Schönheit und Gnade, die ich in jedem guten Ding fühlte, das ich sah, die reflektierte Herrlichkeit Gottes war, sein sich in seiner Schöpfung manifestierendes Wesen. Ich erkannte, dass der Grund, weshalb ich diese Herrlichkeit nicht freisetzen konnte, wenn ich über die Dinge sprach, die ich sah, nicht darin bestand, dass es mir an Eloquenz oder Mut fehlte, sondern weil ich mich noch nicht genug mit seinem Wesen vertraut gemacht hatte, um sie zu repräsentieren.

Ich fand es schwierig, weil ich überzeugt war, dass meine Gabe zum Wohle anderer da war. In Wahrheit bestand das erste Ziel der Gabe darin, mich dazu zu bringen, den Geber kennenzulernen. Das war der einzige Weg, wie ich in die Lage versetzt werden konnte, sie zum Wohle aller zu nutzen. Erst dann, an der Wende zwischen einer Lebensphase zur nächsten, konnte ich sehen, warum ich Schwierigkeiten hatte, Frucht zu bringen, wo es doch allein um Wachstum ging.

Als ich von dieser Reise nach Hause fuhr, wusste ich, dass die Zeit gekommen war, Früchte zu tragen. Ich fragte sofort eine Freundin, ob ich in ihrem Hauskreis sprechen könne. Dort erzählte ich zum ersten Mal mein ganzes Zeugnis. Ich sprach darüber, wie ich als Kind Dinge gesehen hatte, und darüber, wie schwierig es war, über die Dinge zu sprechen, die ich als Teenager sah. Sobald ich mit meiner Geschichte fertig war, begannen die Leute, Fragen zu stellen. Die Antworten kamen leichter als je zuvor. Einfache Beispiele und Illustrationen kamen ohne großen Aufwand. Bald jedoch schossen acht oder neun Hände gleichzeitig hoch, sobald es die Chance gab, eine weitere Frage zu stellen. Ich begann, das überwältigende Gewicht der Erwartungen der Menschen zu spüren, und damit kamen die alten Ängste zurück.

Als die Angst mir den Hals hochzukriechen begann, sagte der Heilige Geist fest und deutlich: „Sie sind nicht hungrig nach dir. Sie sind hungrig nach mir."

Das ganze Gewicht, das sich auf meinen Schultern angesammelt hatte, löste sich vollständig in Luft auf. Es ging nicht darum, die Erwartungen der Menschen zu erfüllen, den Menschen etwas Interessantes zu geben, worüber sie reden konnten, oder gar den Menschen von Engeln zu erzählen, sondern darum, Gottes Wesen zu enthüllen. Das war etwas, wofür ich meine Zeit und

Energie einsetzen wollte. Wenn es bei dieser Gabe nicht nur um die coolen Dinge ging, die ich sah, sondern darum, dass Menschen die Möglichkeit hatten, Gott besser kennenzulernen, dann war das etwas, wofür ich mein Leben hingeben konnte.

Ich wusste, dass ich immer noch viel wachsen musste. Ich wollte sicherstellen, dass, wenn ich über das Sehen im Geist sprach, es nicht nur darum ging, wie interessant oder dynamisch die Dinge waren, die ich sah, sondern auch darum, dass alles immer auf Gott, sein Wesen und die Gelegenheit, die wir haben, eine intime Beziehung zu ihm zu erleben, verwies.

Als ich dann anfing zu reisen und über das Sehen im Geist auf der ganzen Welt zu lehren, habe ich immer mein Bestes getan, damit diese Wahrheit durchscheinen konnte. Es war nie zu schwer, denn alles verwies ganz natürlich auf ihn, aber ein Teil von mir fühlte immer, dass es einen noch umfassenderen Weg gab, um zu veranschaulichen, wie alles so perfekt mit der Verbindung zu ihm zusammenhing, einen klareren Weg, um zu zeigen, wie sehr er sich eine intime Beziehung zu seinen Kindern wünscht.

Vielleicht war es etwas, das ich noch entdecken oder erleben musste.

TEIL III

Himmel auf Erden

Gott gibt uns geistliche Gaben nicht, um uns zu effektiveren Dienern zu machen, sondern um uns zu Söhnen und Töchtern zu machen, die ihm sehr nahe sind. Ja, gute Söhne und Töchter dienen ihren Eltern, aber der Hintergrund und die Herzenshaltung ihres Dienens sind völlig anders als bei jemand, der dient, um etwas zu kompensieren oder um einer Verpflichtung nachzukommen. Gottes Gaben sind aber dazu da, um uns und durch uns sein Wesen zu offenbaren. Auf diese Weise erfüllt sich das Vaterunser, und wir erleben, dass sein Wille auf Erden geschieht wie im Himmel.

Wie kann ich somit in diesen Gaben wachsen? Woher weiß ich, welche Gaben ich habe? Was bedeutet es eigentlich, den Himmel auf die Erde zu bringen? Was bedeutet es, Gottes Sohn oder Tochter zu sein?

Im folgenden Abschnitt findest du dazu eine Geschichte. Es ist die beste und letztlich einzige Antwort, die ich auf diese Fragen und jede andere Frage in diesem Buch habe. Achte darauf, wie Gott sein Wesen offenbart. Denke darüber nach, was es für dich als von Gott adoptierter Sohn bzw. adoptierte Tochter bedeutet, wenn alles, was er über sich selbst sagt, wahr ist.

KAPITEL 11

Von Angesicht zu Angesicht

Es war ein typischer Sonntagmorgen-Gottesdienst. Ich wurde gebeten, einen Teil der audiovisuellen Geräte zu bedienen, weil die Person, die dafür vorgesehen war, krank war. Ich kam früh an und machte mich auf den Weg in den kleinen Raum in der hinteren Ecke des Gottesdienstraums, in dem die gesamte Videoausrüstung untergebracht war. Ich stellte sicher, dass mein Teil der Geräte richtig funktionierte, und streckte dann meinen Kopf um die Tür des Videoraums, um sicherzustellen, dass auch alle anderen Vorbereitungen wie geplant verliefen.

Die Bandmitglieder stimmten Instrumente, Toningenieure verteilten Kabel und testeten Mikrofone, und Lobpreis-Engel probten die Schritte ihrer himmlischen Choreografie. Alles sah ganz normal aus. Dann bemerkte ich einen anderen Engel, der nur wenige Meter von mir entfernt auf einem Stuhl saß.

Dieser Engel trug einen dunkelblauen Anzug, der aber einen mir ganz unbekannten Schnitt und Stil hatte. Er saß mit verschränkten Armen und Beinen da und beobachtete die Bandmitglieder bei ihrer Vorbereitung auf den Gottesdienst. Er hatte einen durchdringenden Blick und eine makellose Haltung, aber seinen Gesichtsausdruck hätte ich irgendwo zwischen leichter Verachtung und Langeweile eingeordnet. Alles an ihm – sein Haarschnitt, der Stil seines Anzugs, die berechnende Art und Weise, wie er den Raum betrachtete – erinnerte mich an einen abgestumpften Polizeidetektiv. Ich wusste, dass dieser Eindruck nur daher kam, dass mein Verstand versuchte, die Vertrautheit zu erklären, die mein Geist empfand, als ich den Engel sah, weshalb er wahrscheinlich nicht wirklich ein Detektiv war, aber an sich war der Gedanke nicht ganz abwegig.

Etwas an dem neugierigen Funkeln in seinen Augen, zusammen mit dem allgemeinen Eindruck von Langeweile, den mir seine Haltung vermittelte, ließ mich zu dem Schluss kommen, dass er vielleicht hierhergekommen war, um nach etwas zu suchen, das er nicht unbedingt hier erwartete.

Ich spürte eine Welle des Stolzes auf meine Gemeinde in meiner Brust aufsteigen. „Das werden wir sehen", sagte ich laut und in der Zuversicht, dass wir alles haben würden, was dieser Engel suchte, und kehrte zu meiner Ausrüstung zurück.

Einige Minuten später kamen die Leute zum Frühgottesdienst, und schon bald war es Zeit, dass die Anbetung begann. Engel tanzten, die Leute sangen und die Band spielte; der Detektivengel bewegte sich nicht. Die Anbetung endete, Ankündigungen wurden gemacht, Zeugnisse wurden gegeben und das Opfer wurde eingesammelt; der Engel bewegte sich immer noch nicht.

Steve Hale, unser Hauptleiter, predigte eine Botschaft über Anbetung, sprach über den Wert, wenn wir unser Bestes bringen und alles geben, wenn wir zusammenkommen, um den König der Könige anzubeten. Der Engel saß immer noch ganz lässig da.

„Wonach könnte er wohl suchen?", dachte ich. Ein Dutzend Engel war während der Anbetung durch den ganzen Raum getanzt und hatte lange Bänder aus bunter Seide hinter sich hergezogen, während sie durch die Menge der Anbetenden huschten. Drei Anbetungsengel standen hinter Steve, während er sprach, und setzten in Wellen aus flüssigem Licht eine Übertragung der Anbetung frei. Was fehlte?

Am Ende seiner Predigt bat Steve das Anbetungsteam, wieder auf die Bühne zu kommen, um noch ein Lied zu spielen. Er lud die Gemeinde ein, so nah wie möglich zur Bühne zu kommen und gemäß der von ihm gegebenen Botschaft ihr Bestes zu tun, um Gott im Gottesdienst alles zu geben.

Die erste Note, die die Band spielte, hatte das ganze Momentum, das die letzte Note während der Anbetung gehabt hatte. Anbetung ist wie Ebbe und Flut. Es ist ein Aufruf und eine Antwort. Wir rufen zu Gott. Gott ruft uns zu. Wir kommen näher. Er kommt näher. Es gibt eine Dynamik, die in diesem Prozess entsteht, aber es braucht normalerweise Zeit, damit sie sich aufbaut, wie die Begegnung mit einem Freund, den man länger nicht mehr gesehen hat. Ihr schüttelt euch vielleicht die Hand, bevor ihr euch höflich umarmt und ein paar Klischees von euch gebt, wie: „Wie geht es dir?" „Sehr gut." „Und dir?" Danach geht das Gespräch mit der Annehmlichkeit und der Offenheit weiter, die eine vertraute Freundschaft auszeichnen.

Das letzte Lied fühlte sich eher an wie der Moment, wenn du und dein Freund aufeinander zu rennen und ihr euch dann kräftig umarmt. Die Band tauchte gleich in den Refrain ein, und die Leute in der Menge begannen sofort zu hüpfen, zu tanzen und ihre Hände zu heben. Die Gegenwart Gottes strömte wie eine dichte, weiße Wolke in den Raum und ließ die Luft mit elektrischem Leben vibrieren. Sobald die Musik begann, löste der Detektivengel sofort seine Arme und Beine und lehnte sich mit einem überraschten, erwartungsvollen Blick nach vorne. Dies veranlasste mich, ein paar Schritte aus dem Videoraum zu tun, um das Geschehen im Saal besser mitzubekommen.

Die Wolke strömte weiter in den Raum, breitete sich aus und füllte jede Ecke, aber um die dichtgedrängte Menge herum, die immer näher an die Bühne heranrückte, blieb sie am dichtesten. Ich musste die Augen zusammenkneifen, um die Bühne noch sehen zu können. Dann auf einmal, an sechs oder sieben verschiedenen Stellen um die Bühne herum, straffte, verdrehte und verdichtete sich die Wolke zu einem einzigen Punkt und bildete jeweils eine winzige Perle aus schillerndem blauem Licht. Jede war nicht größer als eine Erbse.

Sobald die Lichtperlen erschienen, stand der Detektivengel auf und ging zügig, aber ruhig zur Bühne hin. Dabei griff er in seine Manteltasche und zog eine mechanische, goldene Pinzette und einen kleinen Lederbeutel heraus. Erst als der Engel nahe an der Bühne war, erkannte ich, dass die Lichtperlen nicht in der Luft schwebten, sondern in den Herzen der Menschen steckten. Die Wolke war so dicht und die Perlen so hell, dass ich es nicht bemerkt hatte.

Der Engel griff in jede dieser Personen hinein, als wäre deren Haut nichts als Rauch, und mit der Präzision und Geschicklichkeit eines Meisterchirurgen extrahierte er mit der Pinzette die blauen

Perlen und legte sie in seine Ledertasche. Bald hatte er sie alle gesammelt.

Er hielt einen Moment inne und hob den Kopf, als wolle er einen Duft einfangen, und ging dann auf eine Frau zu, die auf der anderen Seite des Raumes stand. Bei ihr konnte ich nicht sehen, dass sie eine leuchtende Perle in ihrem Herzen hatte, aber der Engel fing an, mit seiner goldenen Pinzette auf ihren Brustkorb zu stoßen. Nach ein paar Sekunden sah ich einen kurzen blauen Lichtblitz, als der Engel eine Perle von irgendwo tief in ihrem Brustkorb herausholte und sie in seine Tasche legte.

Er wiederholte diesen Prozess noch ein paar Mal bei zwei oder drei weiteren Personen und holte Lichtperlen heraus, die ich erst sehen konnte, als er sie herauszog. Danach hob der Engel seinen Kopf, ließ seinen Blick noch einmal über die Menge schweifen, steckte den Beutel in seine Manteltasche zurück, ging an seinen Platz zurück, setzte sich hin und nahm wieder seine gleichgültige Haltung ein – verschränkte Arme und übereinandergeschlagene Beine.

Das Lied ging noch ein paar Minuten weiter. Es tauchten keine blauen Perlen mehr auf, aber die Wolke blieb auch dann bestehen, als die Leute anfingen, zu ihren Sitzen zurückzukehren, um auf dem Weg nach draußen ihre Sachen zu holen.

Ich starrte den Detektivengel an und kniff nachdenklich meine Lippen zusammen. Was waren das für Perlen? Und warum tauchten sie erst am Ende auf?

Der Engel drehte sich um, sah mich von oben bis unten an, blickte dann wieder zur Bühne hin und sagte: „Ich habe überall nach dieser Art von Lobpreis gesucht. Sie ist extrem selten, fein und leicht zu verpassen, aber sie ist kostbar für den Vater."

Da der Engel keine weiteren Anmerkungen machte, kehrte ich in den Videoraum zurück und war gespannt, was während des zweiten Gottesdienstes passieren würde.

Dieser lief zunächst genauso ab. Die Leute und Engel tanzten gemeinsam während der Anbetung, und der Detektivengel saß gelassen und gleichgültig da. Auch bei den Ankündigungen, Zeugnissen und dem Opfer änderte sich das Verhalten des Engels nicht. Steve gab wieder seine Botschaft über Anbetung weiter und lud die Gemeinde auch wieder ein, für ein weiteres Lied vor die Bühne zu kommen.

Es war, als würden die Leute diesmal versuchen, die Leute im ersten Gottesdienst noch zu übertreffen. Die Dynamik der Anbetung kehrte sofort zurück, die dichte, weiße Wolke füllte sofort den Raum, und mehr als zwanzig der Lichtperlen erschienen innerhalb der ersten Sekunden der Anbetung. Ich ging aus dem Videoraum hinaus, um einen guten Blick zu erhaschen, als der Detektivengel aufstand, um die Perlen einzusammeln, und ich erstarrte beim Gehen, als ohne Vorwarnung das Gesicht Gottes aus der Wand hinter der Bühne auftauchte und in den Raum kam.

Es kam so plötzlich, so klar und so unerwartet, dass ich ohne nachzudenken schrie, in den Videoraum rannte und die Tür hinter mir zuschlug.

Eine seltsame Mischung aus Schrecken und Begeisterung bewegte sich in meinem Körper auf und ab. *Das war falsch! Das war nicht biblisch! Niemand sollte das sehen!* Zweifel und Ängste kamen aus allen Richtungen in mir auf. Mir war immer beigebracht worden, dass wir Gottes Antlitz nicht sehen dürfen, und alle Bibelstellen und Lehren, die diese Tatsache unterstützten, begannen panisch durch meinen Kopf zu jagen. *Das war ER! Er ist gut! Er ist ein guter Vater!* Wahrheiten über sein Wesen beruhigten die Ängste so schnell, wie diese kamen, obwohl sie nicht aufhörten zu kommen. Alle Lehren und Bibelstellen über seine Güte und Liebe durchströmten mein Herz und erinnerten mich an die Intimität meiner lebenslangen Beziehung mit ihm.

Diese beiden Denkrichtungen kollidierten in meinem Kopf, führten massive Debatten und formulierten ein Dutzend Mal pro Sekunde detaillierte Argumente. *Er ist zu groß, zu heilig, und wir sind zu klein, zu einfach. Ich hätte das nicht sehen sollen. Er ist gut, er ist freundlich, er hat die Kluft geschlossen, und er hat dafür seinen Sohn geschickt. Vielleicht dürfte ich ihn sehen, wenn er mich ließe.*

Überwältigt von diesen kollidierenden Gedanken und Gefühlen, stritt ich weiter mit mir selbst. *„Du hast es gerade gesehen!"*

„Nein, habe ich nicht!"

„Du weißt, dass du es gesehen hast! Du könntest es nicht leugnen, wenn du wolltest!"

„Das ist unmöglich!"

„Natürlich ist es das!"

„Offensichtlich nicht!"

„Das darf ich aber nicht sehen!"

„Warum nicht?"

„Weil es mir nicht erlaubt ist!"

„Es war nicht meine Schuld! Ich habe nicht versucht, es zu sehen!"

„Vielleicht war es gar nicht das, was ich dachte."

„Du weißt, was es war!"

Teile von mir versuchten verzweifelt, das Gesehene zu minimieren oder zu leugnen. Aber die bloße Realität seines Gesichts brannte in den Winkeln meines Geistes und weigerte sich, irgendwo anders hin geschoben zu werden als noch weiter nach vorne in meinen Gedanken.

„Du solltest wieder da rausgehen!"

„Nein, das sollte ich nicht!"

„Du wirst es bereuen, wenn du es nicht tust!"

„Ich kann nicht!"

„Du bereust es, dass du nicht schon jetzt da draußen bist!"

Dies dauerte irgendwo zwischen zehn Sekunden und zwei Stunden, bis ich, zitternd und meine Hände zu Fäusten geschlossen, die Tür aufschob und wieder hinaus in den Gottesdienstraum ging. Und da war er wieder, so klar und real und unbestreitbar Gott, wie er es war, als er zuerst gekommen war.

Ich sah ihn zwei Sekunden lang an, dann sah ich auf den Boden. Ich bedauerte jede Millisekunde, die ich das tat, und deshalb schaute ich wieder hin. Es war zu überwältigend, zu intensiv, weshalb ich wieder nach unten schaute. Ich blickte hin und her, hin und her zwischen seinem Gesicht und dem Teppich, bis ich nur noch auf den Boden starrte. Ich konnte nicht. Ich konnte einfach nicht, und ich wusste nicht, warum.

Dutzende von Bibelversen, Hunderte von Gedanken und Millionen von Emotionen gingen mir durch den Kopf, strömten und stießen umher, bevor ich mich an einer von ihnen festhalten konnte. Dann kam die Stimme Gottes so deutlich und laut, dass sie mir jeden Gedanken aus dem Kopf wischte, jede Synapse zum Schweigen brachte und nur noch Platz für seine Worte ließ.

Er sagte: „Wer hat dir gesagt, dass du *jemals* dein Gesicht vor mir verstecken sollst?"

Sofort blitzte eine Erinnerung auf der Leinwand meines Verstandes auf. Ich war vier Jahre alt und saß in meiner Sonntagsschulklasse. Die Gemeinde traf sich in einer Schulsporthalle, und der Unterricht der Kinder fand in kleinen Klassenzimmern mit verschiebbaren Modulwänden statt. Ich saß ganz links in der dritten Reihe. Ein kleines Mädchen in der ersten Reihe rechts hob ihre Hand, um eine Frage zu stellen.

„Frau Lehrerin, aber warum können wir Gott nicht sehen?"

Die Frau an der Vorderseite des Raumes hielt einen Moment inne, dachte über die Frage nach und antwortete dann: „Oh, Schatz, Gott ist einfach so groß und mächtig. Wenn wir ihn jemals sehen würden, könnten wir nicht damit umgehen – wir würden sterben."

Die Erinnerung verschwand so schnell, wie sie gekommen war, aber sie sagte mir, was ich wissen musste – zumindest für den Moment. Ich wusste nicht, ob ich Gottes Gesicht sehen durfte. Ich wusste nicht, ob das, was ich tat, theologisch korrekt war. Aber was ich wusste, war, dass es nicht Gott war, der mir sagte, dass ich sein Gesicht nicht sehen durfte – es war ein Mensch. Mit diesem kleinen Stück Erlaubnis, das ich fest in meinem Herzen hielt, hob ich meine Augen und starrte voll in sein Gesicht.

Es war das Vertrauteste, das ich je in meinem ganzen Leben gesehen hatte. Und obwohl sein Gesicht so groß war, dass es den ganzen vorderen Teil des Raumes füllte, sah er wie ein Mensch aus. Er hatte eine Nase, einen Mund, zwei Augen, zwei Ohren und Haare. Ich konnte eine Ähnlichkeit mit jeder Person erkennen, die mir je begegnet war, und doch sah er nicht genau wie eine von ihnen aus. Jedes Merkmal, jede Geste und jede Bewegung spiegelten jede Berührung seiner Gegenwart wider, die ich in meiner Geschichte mit ihm gespürt hatte. Ich konnte die Freundlichkeit in seinen Augen, die Fürsorge, die er mit jedem Blick zeigte, nicht messen. Er nahm ohne Eile mit jeder Person, einer nach der anderen, Augenkontakt auf und nahm sich genau die richtige Zeit für jede Person. Er lehnte sich nach vorne und rieb sein Gesicht an all den Leuten, die sich an der Vorderseite der Bühne versammelt hatten, als wären sie eine warme Decke. Jede einzelne Sache an ihm bestätigte und übertraf meine größten Hoffnungen auf seine Güte, Freundlichkeit und Herrlichkeit. Ich starrte ihn für den Rest des Liedes an und öffnete meine Augen so weit wie möglich, weil ich unbedingt jeden einzelnen Teil von ihm in mich aufnehmen wollte.

Schließlich endete das Lied, und während er einen tiefen, zufriedenen Seufzer ausstieß, zog er sich aus dem Raum zurück, so wie er gekommen war. Ich schlurfte zurück in den Videoraum, ließ mich in eine Ecke fallen und die Tränen über meine Wangen laufen. Es kamen keine Gedanken. Keine Meinungen. Stattdessen sonnte ich mich einfach im Glanz seiner Güte.

Zum Weiterdenken

- Im folgenden Kapitel werden wir damit weitermachen, wie ich diese Erfahrung, sowohl biblisch als auch persönlich, aufgearbeitet habe, aber bevor wir das tun, nimm dir doch einen Moment Zeit, um eine Bestandsaufnahme davon zu machen, was dein Herz gerade sagt und tut. Wie hast du dich beim Lesen dieser Geschichte gefühlt? Hat sie dich erschreckt oder mit Hoffnung erfüllt? Hat sie dich geärgert oder Frieden ausgelöst?
- Was meinst du, warum hast du auf diese Geschichte auf diese Weise reagiert?

Kapitel 12

Aktivierung und Studium: Absicht

Wenn ich in der Vergangenheit ähnlich dramatische und lebensverändernde Visionen oder Begegnungen hatte, behielt ich sie meist lange Zeit für mich. Ich verarbeite Dinge eher langsam. Ich möchte nicht zu voreilig sein, um Schlüsse über die Dinge zu ziehen, die ich sehe. Nach drei oder vier Jahren erzähle ich dann meinen engen Freunden oder meiner Familie vielleicht eine dieser intensiven Visionen. Und nach weiteren drei oder vier Jahren fange ich an zu spüren, dass der Heilige Geist mich bittet, meine Erfahrungen öffentlich mitzuteilen. Tatsächlich tue ich das dann meist noch etwa ein oder zwei Jahre später. Ich ziehe es vor, meine Erfahrungen reifen zu lassen, bevor ich sie mit anderen teile.

Wenn du das weißt, kannst du meine Bestürzung verstehen, als der Heilige Geist mich nur sechs Monate nach dem Erlebnis im letzten Kapitel bat, die Geschichte zu erzählen. Ich war auf der Wochenendfreizeit der *Bethel Atlanta School of Supernatural Ministry*, einem spaßigen Ausflug an den Strand, mit dem wir mit unseren Schülern und Mitarbeitern immer das neue Schuljahr beginnen.

Die Freizeit gibt das Tempo und den Ton an für das, was Gott in jenem Jahr an die Studenten weitergeben will, also stelle ich immer sicher, dass ich mit dem fließe, was der Heilige Geist während der Freizeit von mir gelehrt haben möchte. Ich weiß selten mehr als einen Tag vorher, worüber ich dort sprechen werde. Wenn ich im Reisedienst bin oder sonntags in unserer Gemeinde lehre, gehe ich normalerweise nicht so vor, aber ich war schon oft genug bei dieser Freizeit der *Bethel Atlanta School of Supernatural Ministry* dabei, sodass die Abweichung von meiner normalen Art zu lehren kein Problem für mich darstellte.

Es war der Abend, an dem ich lehren sollte, und ich hatte keine Ahnung, worüber. Wir waren schon im zweiten Lied der Anbetung und ich sollte in weniger als zwanzig Minuten sprechen, wusste aber immer noch nicht, über was. Gerade als das dritte Lied zu Ende ging, kam mir der Heilige Geist zu Hilfe.

„Ich möchte, dass du *diese* Geschichte erzählst."

„*Diese* Geschichte?", antwortete ich und wusste genau, welche Geschichte er meinte. „Ich kann *diese* Geschichte nicht erzählen."

„Doch, das kannst du."

„Nein, ich kann nicht. Ich habe sie selbst noch nicht verstanden. Ich weiß nicht einmal, ob das in Ordnung war. Wie soll ich das mit einem Haufen Erstsemester teilen?"

„Du kannst es, weil ich es dir gesagt habe."

Panik setzte ein, als ich erkannte, dass ich diese Diskussion verlor. Ich könnte mit Nichts nach vorne gehen, aber dann würde ich nur eine Art von Katastrophe gegen eine andere tauschen. Es mag dir nicht als etwas Großes erscheinen, aber eine Geschichte wie diese weiterzugeben, ohne sie lang und breit mit dem Heiligen Geist besprochen und verarbeitet zu haben, ging weit über das hinaus, wo ich mich noch wohl fühlte.

„Gut", sagte ich, „wenn du willst, dass ich die Geschichte erzähle, dann musst du mir etwas geben. Gib mir einfach eine Bibelstelle, irgendwas."

Sofort sagte der Heilige Geist: „2. Mose 33."

Ich schlug diese Stelle auf und fing an zu lesen. Es stellte sich heraus, dass es eine meiner Lieblingsgeschichten in der Bibel war: Moses und Gott im Zelt der Begegnung, als sie über die Art der Beziehung Gottes zu den Menschen sprachen. Ein Abschnitt am Ende fiel mir ins Auge:

> *Und Mose sprach: Lass mich deine Herrlichkeit sehen! Und er sprach: Ich will vor deinem Angesicht all meine Güte vorübergehen lassen und will ausrufen den Namen des HERRN vor dir:*

Wem ich gnädig bin, dem bin ich gnädig, und wessen ich mich erbarme, dessen erbarme ich mich. Und er sprach weiter: Mein Angesicht kannst du nicht sehen; denn kein Mensch wird leben, der mich sieht (2 Mose 33,18-20).

„Ja", sagte ich und machte keinen Versuch, die Frustration in meiner Stimme zu verbergen, „das ist genau das, wovon ich rede. Ich weiß nicht, ob ich das überhaupt sehen durfte. Ich weiß nicht einmal, warum ich sah, was ich sah."

„Galater 2,20", sagte der Heilige Geist und unterbrach mich dabei. Also schlug ich diese Stelle auf:

... ich bin mit Christus gekreuzigt. Nicht mehr ich bin es, der lebt, nein, Christus lebt in mir. Und solange ich noch dieses irdische Leben habe, lebe ich im Glauben an den Sohn Gottes, der mir seine Liebe erwiesen und sich selbst für mich hingegeben hat (Gal 2,19b-20).

Und dann traf es mich. Mir war immer gesagt worden, wir könnten Gott nicht sehen, weil er zu groß, zu mächtig oder zu heilig sei, und weil wir zu sündhaft, zu unvollkommen oder zu niedrig seien, um ihn von Angesicht zu Angesicht sehen zu können. Alle Bibelstellen über das Wiedergeborenwerden gingen mir durch den Kopf.

Vielmehr [wissen wir]: Wenn jemand zu Christus gehört, ist er eine neue Schöpfung. Das Alte ist vergangen; etwas ganz Neues hat begonnen! (2 Kor 5,17).

Gepriesen sei Gott, der Vater unseres Herrn Jesus Christus! In seinem großen Erbarmen hat er uns durch die Auferstehung Jesu Christi von den Toten ein neues Leben geschenkt. Wir sind von Neuem geboren und haben jetzt eine sichere Hoffnung (1 Petr 1,3).

Oder wisst ihr nicht, was es heißt, auf Jesus Christus getauft zu sein? Wisst ihr nicht, dass wir alle durch diese Taufe mit einbezogen worden sind in seinen Tod? (Röm 6,3).

Gott ignorierte die Bestimmung nicht, die er Mose in 2. Mose 33 gab: *„... kein Mensch wird leben, der mich sieht."* Er hat sie erfüllt. Er machte Tod und Wiedergeburt zu einem Teil des Heilsprozesses.

Vollkommen gut

Ich konnte spüren, wie das Fundament meiner Auffassung vom Evangelium unter meinen Füßen wackelte. Unwillkürlich musste ich an die Geschichte vom Sündenfall des Menschen denken. Wann immer ich mir diese Geschichte vorstelle, erinnere ich mich an eine alte Zeichentrick-Serie mit Geschichten aus einer Kinderbibel, die ich als Kind gesehen habe.

Ich erinnerte mich an die erschreckende Musik, die spielte, als Adam und Eva die verbotene Frucht aßen. Als Adam in die Frucht biss, wurde der Himmel dunkel. Donner ertönte und ein Blitz teilte den Himmel. Die Stimme Gottes kam in einem strengen, hallenden Bariton: „Adam, wo bist du?"

Plötzlich wurde mir klar, wie unvereinbar dieses Bild mit dem Gott war, den ich kenne. Ich merkte, wie falsch diese Version der Geschichte war, und blätterte deshalb zum 1. Buch Mose zurück, um mir die Geschichte genauer anzusehen. Ich überflog die vertrauten Abschnitte und las, wie die Schlange Adam und Eva täuschte, die verbotene Frucht zu essen. Dann stieß ich auf etwas, das mir auffiel. Sie aßen die Frucht, ihre Augen wurden geöffnet und sie machten sich Kleider aus Feigenblättern, aber ...

> *... sie hörten die Stimme Gottes, des HERRN, der im Garten wandelte bei der Kühle des Tages. Da versteckten sich der Mensch und seine Frau vor dem Angesicht Gottes, des HERRN, mitten zwischen den Bäumen des Gartens* (1 Mose 3,8).

Als ich diesen Vers las, erkannte ich etwas, das ich im Zusammenhang mit dieser Geschichte nie bedacht hatte. Gott, der alles weiß, wusste wahrscheinlich, was sie getan hatten, nicht wahr? Das bedeutet, dass Gottes erste Antwort auf die Ursünde nicht darin bestand, in einer Wolke aus Donner und Wut zu erscheinen, sondern einen Spaziergang zu machen und darüber zu reden. Gottes erste Handlung als Antwort auf die Ursünde war ein Akt der Intimität und Beziehung. Es war der Mensch, der sich vor Gott versteckte, nicht Gott, der sich vor dem Menschen versteckte. Ja, die Menschheit hatte gegen die Bedingungen der Beziehung verstoßen. Ja, diese Verletzung bewirkte eine Trennung zwischen Mensch und Gott. Aber Gottes erste Antwort war, dass er den Kontakt suchte.

Als ich mich mit dieser subtil, aber tiefgreifend veränderten Perspektive des Sündenfalls auseinandersetzte, sagte mir mein Instinkt, ich solle mir die Wiederherstellung des Menschen genauer ansehen. Ich blätterte wieder nach vorne zum Matthäusevangelium und landete kurz vor dem Sterben Jesu. Dort fand ich etwas, das endlich mein wackliges Fundament zur Ruhe brachte. Um es in den richtigen Zusammenhang zu stellen, muss ich dir jedoch etwas Hintergrundwissen dazu geben.

In der Zeit zwischen dem Fall des Menschen und dem Tod Jesu wurde eine Verfahrensweise etabliert, wie Gott mit den Menschen und die Menschen mit ihm in Beziehung traten. Die Feinheiten dieses Arrangements wurden zwischen Gott und Mose festgelegt und sind in den ersten fünf Büchern der Bibel ausführlich beschrieben. Eine der Besonderheiten dieses Bundes, die mir immer besonders aufgefallen war, war ein Gestaltungselement der Stiftshütte und später des Tempels, dem Ort, an dem die Gegenwart Gottes unter seinem Volk wohnte.

Im Tempel und in der Stiftshütte befand sich ein Raum, der als das Allerheiligste bezeichnet wurde. Dies war der heiligste Ort. Dort wurde die Bundeslade aufbewahrt, und dort ruhte die Gegenwart Gottes. Dieser Ort war vom Rest der Stiftshütte bzw. des Tempels durch einen dicken Vorhang getrennt.

Es galt als gefährlich, an diesen Ort zu gehen; tatsächlich glaubten die Israeliten, dass, wenn jemand den heiligsten Ort unter den falschen Bedingungen betrat, er tot umfallen würde, dass er die direkte Gegenwart Gottes nicht überleben konnte. Es war ein Zeichen der Trennung und der Distanz zwischen Gott und den Menschen.

Betrachten wir vor diesem Hintergrund einmal den Moment des Sterbens Jesu:

> *Jesus aber schrie noch einmal laut auf; dann starb er. Im selben Augenblick riss der Vorhang im Tempel von oben bis unten entzwei; die Erde begann zu beben, die Felsen spalteten sich, und die Gräber öffneten sich* (Mt 27,50-51).

Dieser Vorhang war der zwischen dem Allerheiligsten und dem Rest des Tempels. In dem Moment, als Jesus starb, wurde er in zwei Hälften zerrissen. Ich hatte diese Bibelstelle bestimmt schon hundertmal gelesen, aber angesichts meiner jüngsten Erfahrung sah ich sie in einem ganz anderen Zusammenhang.

Der Vorhang zerriss in dem Moment, als Jesus starb. Genau in diesem Moment. Wenn wir einen Schritt zurückzutreten und das Gesamtbild betrachten, macht das fast keinen Sinn. Warum wurde der Vorhang nicht drei Tage später zerrissen, als Jesus von den Toten auferweckt wurde, oder noch später, als er in den Himmel aufstieg? Warum zerriss er in dem Moment, als Jesus starb?

Das einzige Bild, das ich finden kann, um dies zu verstehen, ist das eines Gottes, der so verzweifelt darauf aus ist, wieder mit seinem Volk vereint zu werden, dass er sich gegen die Trennung zwischen sich und der Menschheit stemmte und auf den Moment wartete, in dem er ausbrechen und wieder unter seinen Kindern sein konnte. Der zerrissene Vorhang spricht nicht von einem wütenden Gott, der über die Anstrengungen verärgert ist, die nötig sind, um die Fehler seiner Diener zu korrigieren, sondern von einem liebenden Vater, der unbedingt wieder mit seinen geliebten Kindern vereint sein möchte.

Gott wollte immer, von Anfang an bis heute und für alle Zeiten, bei seinem Volk sein. Adam und Eva konnten hören, dass Gott kam, um mit ihnen spazieren zu gehen. Es war also ein vertrauter Laut, den sie schon von weitem erkannten. Es war normal für ihn, mit ihnen spazieren zu gehen. Der Vorhang im Tempel wurde im Moment des Todes Jesu zerrissen. Der Vater wartete keinen Moment länger als nötig, um das zu bekommen, wofür er bezahlt hatte.

Das ist es, liebe Leser – darin besteht *das* vollkommen gute Wesen Gottes. Das ist der Kern des Evangeliums, der Sinn hinter jeder geistlichen Gabe und der Höhepunkt und die Motivation jedes Planes des Himmels. Wir haben einen Gott, der sich entschieden hat, eine Beziehung zu uns zu haben.

Es ist unmöglich, Gott zu sehen. Es ist unmöglich, Gott zu kennen. Er ist zu groß, zu heilig und zu mächtig. Es ist unmöglich, mit Gott in Beziehung zu treten – außer er will, dass wir es tun.

Was wir glauben, ist so wichtig. Wenn wir an einen zornigen Gott glauben, dann werden wir diesen Gott vor Augen haben. Wenn wir an einen enttäuschten Gott glauben, dann werden wir diesen Gott vor Augen haben. Wenn wir an einen fernen Gott glauben, dann werden wir diesen Gott vor Augen haben. Und wenn wir es wagen, an einen Gott zu glauben, der uns wahrhaftig und vollkommen liebt, dann werden wir diesen Gott vor Augen haben. Was immer wir über Gottes Absichten gegenüber uns glauben, ist der Filter, der bestimmt, welche Aspekte seines Wesens wir erleben werden und welche nicht.

Uns wurde eine Lüge beigebracht, tausend Mal und auf tausend verschiedene Weisen, nämlich dass es Gottes Absicht war bzw. ist, sich von uns zu trennen. Diese Lüge wird durch unsere Fehler und Unzulänglichkeiten gerechtfertigt, durch unsere Wunden verstärkt und durch bestimmte Lebenserfahrungen gestützt, die, wenn sie in gewisser Weise betrachtet werden, Beweise für einen entfernten Gott sind. Aber wenn du es wagst zu glauben, dass das, was Gott über dich selbst sagt, wahr ist, wenn du den Mut hast zu hoffen, dass Paulus die Wahrheit verkündet hat, als er sagte, dass wir mit Christus gekreuzigt wurden, dann wirst du anfangen zu sehen, dass der Gott der Liebe jeden Tag deines Leben bei dir war.

Es dauerte fast ein Jahr, bis ich erkannte, warum mir das Gesicht Gottes an diesem Tag im hinteren Teil der Kirche so vertraut war. Es lag daran, dass ich es bereits gesehen hatte – hunderttausend Mal, eine Million Mal, gespiegelt in jedem Engel, den ich sah; es war gegenwärtig in Momenten des Zusammenseins und der Liebe mit meiner Familie; es war nahe durch die

Prüfungen und Schwierigkeiten, mit denen ich konfrontiert war; es war eingewebt in meine Hoffnungen und Träume für die Zukunft; es war da in meinen größten Siegen und meinen größten Niederlagen, und es war bei mir, noch bevor ich am Tag meiner Geburt meinen ersten Atemzug tat.

Ich hatte sein Gesicht schon mein ganzes Leben lang gesehen. An diesem Sonntag war es nur das erste Mal, dass ich es mit meinen Augen sah.

Weiterwachsen

Vielen Menschen entgeht, dass Gott uns immer einlädt, ihn noch besser kennenzulernen, und deshalb wachsen viele nicht weiter in der Gabe des Sehens im Geist. Wenn du etwas Großes und Dramatisches siehst, wie einen 6 m großen Engel mit einem feurigen Schwert, dann ist dies eine Einladung, Gott noch besser kennenzulernen. Wenn du einen kleinen Lichtstreifen in deinem Augenwinkel siehst, dann ist das eine Einladung, Gott noch besser kennenzulernen. Wenn du nichts siehst oder den Eindruck hast, dass du seine Stimme überhaupt nicht hören kannst, dann ist dies eine Einladung, Gott noch besser kennenzulernen. Er lädt dich immer wieder ein.

Jeder hat mit Hindernissen und Zeiten des Stillstandes zu kämpfen, während er in der Gabe wächst, im Geist zu sehen, auch ich. Was als Nächstes passiert, hängt davon ab, wie wir uns während dieser Phasen verhalten.

Vielleicht hast du vom Start weg Hindernisse erlebt. Vielleicht siehst und spürst du nichts und weißt nicht, wie du lernen kannst, dem zu vertrauen, was du vor deinem geistigen Auge siehst. Vielleicht hast du angefangen zu sehen, aber die meisten Dinge, die du siehst, sind nur Eindrücke in deinem Vorstellungsvermögen. Vielleicht siehst du Dinge mit den Augen, aber sie sind oft unklar, abstrakt oder zu kurz, um daraus eine Bedeutung abzuleiten. Wie auch immer dein Hindernis oder Plateau gerade aussieht, hier folgen ein paar Schlüssel als Starthilfe.

Recherchiere und grabe tiefer

Das ist eine wunderbare Sache, die du tun kannst, wenn du das Gefühl hast, dass du überhaupt nichts sehen kannst, oder wenn du sehr unsicher bist in Bezug auf die Bilder, die du vor deinem geistigen Auge siehst. Finde noch weitere Bücher über die Gabe, im Geist zu sehen und mehr Menschen, die es lehren. Jonathan Welton, James Goll, Barbie Breathitt und Praying Medic haben alle Bücher über das Sehen im Geist geschrieben, von denen ich profitiert habe. Einige sehen manches anders als ich, aber das liegt daran, dass wir alle aus unterschiedlichen Hintergründen kommen und uns dem Thema aus verschiedenen Blickwinkeln nähern. Vielleicht passt eines ihrer Bücher oder Lehren zu deiner Persönlichkeit oder beantwortet deine spezifischen Bedürfnisse besser als meine Bücher.

Wie ich bereits in früheren Kapiteln sagte, verändert uns Offenbarung, und das Empfangen von der Offenbarung eines anderen Menschen kann dich genauso sehr verändern wie die Offenbarungen, die du für dich selbst entdeckst.

Übe mit einer Gruppe

Ich habe das schon einmal gesagt, aber es ist gut, es zu wiederholen. Das Sehen im Geist nimmt, wie jede andere mir bekannte geistliche Gabe, viel schneller zu, wenn man sich mit anderen Menschen zusammentut. Finde oder gründe eine Gruppe, die gemeinsam üben kann. Kombiniere diesen Schlüssel mit dem vorherigen und gründe eine Gruppe, die Bücher und Lehren über das Sehen im Geist durchliest und bespricht.

Das ist einer der Gründe, warum ich gerne an der *Bethel Atlanta School of Supernatural Ministry* lehre. Wir bringen neun Monate im Jahr, an zwei Abenden in der Woche mehr als hundert hungrige Menschen zusammen, um gemeinsam den tieferen Dingen Gottes nachzujagen. Ich habe kein Modell gefunden, das die Menschen schneller in all das hineinbringt, was Gott für sie hat, und ich glaube, dass das vor allem daran liegt, dass wir schneller wachsen, wenn wir mit anderen unterwegs sind, von ihnen herausgefordert werden und mit ihnen zusammenarbeiten.

Gabenübergreifendes Training

Die Gaben des Geistes sind keine Inseln; sie sind tief miteinander verbunden und alle in der Natur Gottes verwurzelt. Wenn du im Bereich des Sehens im Geist nicht weiterkommst, dann fange doch an, einer anderen Gabe nachzujagen. Nicht deshalb, weil die Gabe, im Geist zu sehen, dir nicht zur Verfügung steht, aber vielleicht hast du einfach in einem anderen Bereich eine natürliche Begabung. Ich glaube, dass das Wachstum in einer Gabe es viel einfacher macht, auch in den anderen zu wachsen.

Das Prophetische ist zum Beispiel ein natürlicher Ausgangspunkt, da es das Sehen im Geist sehr stark unterstützt bzw. davon unterstützt wird. Wenn du willst, dass die Gabe, im Geist zu sehen, ein wichtiger Teil deines Lebens ist, empfehle ich dir, genauso viel Zeit zu nehmen, um in der Gabe der Prophetie zu wachsen. Glücklicherweise gibt es wunderbare Lehrer und Bücher zu diesem Thema. Einige meiner Lieblingslehrer sind Kris Vallotton, Graham Cooke und Shawn Bolz.

Ruhe dich aus und richte dich neu aus

Egal, was du anstrebst, alles kann mit der Zeit anstrengend werden, besonders wenn man das Gefühl hat, dass man keinen Erfolg hat. Im Geist zu sehen, ist nicht das Wichtigste, was du in deinem Leben erreichen musst; die Beziehung zu Gott ist es, und wenn dein Streben nach einer seiner Gaben deine Verbindung zu ihm beeinträchtigt, dann empfehle ich dir eine Pause.

Kehre zu einem Ort oder einer Aktivität zurück, an dem du das Gefühl hattest, mit seiner Gegenwart verbunden zu sein. Verbringe Zeit in der Anbetung. Verbringe Zeit im Wort. Verbringe Zeit mit Freunden. Verbringe Zeit mit der Familie. All diese Dinge sind geistlich. Gott ist in all diesen Dingen gegenwärtig. Manchmal hilft es uns, Zeit in Bereichen zu verbringen, in denen wir bereits Frieden oder Freude erleben, um uns wieder mit der Quelle allen Friedens und aller Freude zu verbinden.

Erinnere dich an das Ziel

Ich kann nicht im Geist sehen, weil ich ein begabter Mensch bin. Ich kann im Geist sehen, weil ich einen himmlischen Vater habe, der will, dass ich ihn kenne. Deshalb kann ich im Geist sehen, und deshalb kannst auch du im Geist sehen. Wenn es etwas gibt, was du durch dieses Buch gelernt hast, soll es das sein: Gott möchte dich kennen und von dir gekannt sein.

Ich liebe es, Engel zu sehen. Ich liebe es zu beobachten, wie der Himmel reagiert, wenn Gottes Kinder ihn anbeten. Ich liebe es zu sehen, wie Menschen von Krankheit und Gebrechen geheilt werden. Ich liebe es zu sehen, wie Menschen in ihre Bestimmung eintreten. Aber ich liebe diese Dinge, weil sie meinem Vater gehören und von ihm kommen. Wenn ich etwas über sie lerne, lerne ich auch etwas über ihn.

Der prominenteste Seher im Neuen Testament war auch der Jünger, der seinen Kopf auf die Brust Jesu legte. Johannes, der Autor des Buches der Offenbarung, das einige der dramatischsten Beispiele himmlischer Visionen und Engelsbegegnungen enthält, hat auch einige der schönsten Aussagen über die Liebe Gottes gemacht. Er nannte sich selbst sogar den Jünger, den Jesus liebte. Unsere Fähigkeit, im Geist zu sehen, die Welt so zu sehen, wie Gott es tut, ist in unserer Intimität mit ihm begründet.

Ich möchte, dass jeder im Geist sieht, denn ich möchte, dass jeder den Vater sieht und was er tut. Das ist es, was das Sehen im Geist und jede andere Gabe des Geistes erstrebenswert macht. Diese Gaben geben uns die Möglichkeit, zu sehen, was er tut, und zu tun, was er tut. Welche größere Freude könnte es geben, als in die Fußstapfen eines so guten Vaters zu treten, wie es der unsere ist?

Sehen-im-Geist-Übung, Tag 7367

Heute sitze ich in den Büros von *Bethel Atlanta* in Tyrone, Georgia. Ich bin seit zehn Jahren Teil dieser Gemeinde und der Schule des Dienstes hier und helfe mit, eine Kultur aufzubauen, die den Himmel auf Erden freisetzt und die Menschen zurüstet, im Stil des Dienstes fortzufahren, den Jesus uns vorgelebt hat. Ich ruhe mich in einer der hinteren Ecken unseres offenen Büros aus und verpasse meinem neuen Buch *Vollkommen gut* noch den letzten Schliff.

Unser Lobpreisleiter und unser leitender Toningenieur sprechen beim Mittagessen über die technischen Bedürfnisse des Anbetungsteams im kommenden Budgetjahr. Ein Engel steht in frisch gebügelten, weißgoldenen Gewändern und mit einer kleinen goldenen Lesebrille hinter unserem Toningenieur und hakt mit einem silbernen Stift Dinge von einer Checkliste ab.

Ein zweiter Engel, der eine Robe trägt, die aussieht, als wäre sie aus buntem, fließendem Wasser, steht hinter dem Lobpreisleiter. Der Engel schwebt hin und her und bewegt sich im Rhythmus eines Liedes, das ich nicht hören kann. Alles an ihm ist ständig in Bewegung, nicht aus Angst oder Ungeduld, sondern so, als könne er nicht anders, als selbst den Akt des Stillstehens zu einer Form der Anbetung zu machen.

Ein Wind steigt hinter beiden Engeln auf, während die beiden Personen ihr Gespräch fortsetzen. Ein Teil des Wassers aus dem Gewand des Anbetungsengels wird in den Raum zwischen den beiden Personen geblasen. Ein feiner, goldener Staub wird von dem Engel mit der Checkliste weggeblasen und bildet eine schimmernde Wolke, die in die Mitte driftet. Das Wasser und der Goldstaub vermischen sich zu einem breiten Blatt transparenten Papiers mit goldenen Zeichnungen und Diagrammen, die jede verfügbare Ecke sauber ausfüllen. Mein unmittelbarer Eindruck ist, dass es sich um technische Pläne oder Blaupausen handelt.

Ich erkenne, dass der Engel, der hinter unserem Anbetungsleiter steht, ein Anbetungsengel ist, weil ich sie seit Jahrzehnten sehe; und obwohl sie in ihrer Erscheinung sehr unterschiedlich sind, verwandeln sie jede kleine Bewegung in einen Akt der

Anbetung. Ich erkenne den Engel mit der Checkliste als einen, der die Gabe der Verwaltung hat. Ich sehe diese Art Engel noch nicht so lange wie die Anbetungsengel, aber ich habe sie oft genug gesehen, um die Atmosphäre der Ordnung und Struktur zu erkennen, die durch ihre ordentliche Kleidung und präzise Art und Weise veranschaulicht wird. Sie sind nicht steif oder schwerfällig, sondern zeigen ihr hohes Können, ohne auch nur einen Hauch von Perfektionismus zu zeigen.

Ich erkenne und verstehe die Engel durch jahrelange Praxis und Erfahrung. Ich weiß, dass der Wind und die anschließende Bewegung des Wassers und des Goldstaubs ein Bild davon sind, was diese Engel freisetzen helfen. Aber ich habe noch nie so etwas gesehen wie das, was mit dem Wasser und dem Goldstaub passierte. Da ich die Phase kenne, in der sich unsere Gemeinde befindet – sie bereitet sich auf den Spatenstich für das neue Gebäude auf dem kürzlich erworbenen Grundstück vor –, kann ich mir gut vorstellen, was der Zweck dieser goldenen Pläne ist.

Wenn ich das Gesamtbild betrachte – zwei verschiedene Engel, ein Wind, der weht, ein Stück von jedem Engel verschmilzt zu etwas Neuem –, habe ich den Eindruck, dass der Himmel die Zusammenarbeit zwischen Anbetung und Verwaltung stärken will. Die Engel setzen die Gnade des Himmels frei, damit zwei verschiedene Gaben, zwei verschiedene Wertvorstellungen und zwei verschiedene Bedürfnisse sich gegenseitig unterstützen, anstatt im Widerspruch zueinander zu stehen.

Ich lausche dem Gespräch ein paar Minuten. Unser Anbetungsleiter spricht darüber, wie wir unsere Anbetung verbessern und erweitern können, wenn wir in unsere brandneue Einrichtung umziehen. Unser oberster Tontechniker stellt die beste Ausrüstung und Einrichtung zusammen, die für das gebraucht wird, was der Anbetungsleiter aufbauen möchte.

Es gibt ein Dutzend weitere Personen in unseren offenen Büroräumen. Es gibt mehr als ein Dutzend weitere Engel, die verschiedene Dinge im ganzen Raum segnen, schützen, unterstützen und freigeben. Ich könnte meine Aufmerksamkeit darauf richten und erfahren, was jeder dieser Engel tut und wie man am besten mit ihm zusammenarbeitet. Das wurde wahrscheinlich den größten Teil des Tages benötigen und ich würde wohl keine andere Arbeit erledigen können, und morgen gäbe es eine ganze Reihe neuer Dinge zu sehen und zu lernen ... und am nächsten Tag ... und am nächsten Tag.

Ich lerne immer noch, wie man im Geist sieht, und ich glaube, dass sich das nicht ändern wird. Der kleine Teil, den ich gerade erzählt habe, mag relativ einfach erscheinen, aber es gibt immer noch so viele Dinge, die ich selbst in Bezug auf diese kleine Szene nicht verstehe.

Warum trug der Checklistenengel eine Brille? Wozu könnte er sie gebrauchen? Warum hatte er eine Checkliste? Was wollte er abhaken? Warum trug der Anbetungsengel Kleidung aus fließendem Wasser? Warum war es eine Windböe, die das, was die Engel trugen, miteinander vermischte?

Es kann sich überwältigend anfühlen – die Unermesslichkeit von allem, was im Geist in jedem Moment und an jedem Ort geschieht. Wie kann ich wissen, welche Details wichtig und welche unwesentlich sind? Woher weiß ich, mit was ich meine begrenzte Zeit verbringen soll? Woher weiß ich, auf welche Dinge ich eingehen soll und welche ich dem göttlichen Plan Gottes überlassen soll?

Diese Fragen belasten mich, wenn ich mich darauf konzentriere, meine Gabe zum Wohle anderer einzusetzen, oder wenn ich zu verstehen versuche, wie die geistliche Welt funktioniert. Diese Fragen erfüllen mich mit Begeisterung und Freude, wenn ich mich darauf konzentriere, meine Gabe zu nutzen, um meinen Vater besser kennenzulernen und dann andere in diese Beziehung einzuladen.

Wenn das Hauptziel darin besteht, anderen zu helfen, weiß ich nicht, wie viele Details ich geben soll, wie viel vom Hintergrund zu erklären ist und wie oft ich die Dinge, die ich sehe, teilen soll. Wenn das Hauptziel darin besteht, die geistliche Welt zu verstehen, weiß ich nicht, welche Details wichtig sind. Ich werde dann davon überwältigt, wie kompliziert und komplex die geistliche Welt ist, und ich kann fast nie herausfinden, wie ich die Dinge, die ich sehe, sinnvoll nutzen kann. Wenn es dagegen das Ziel ist, mehr über meinen Vater zu erfahren, suche ich danach, wie jedes Detail auf sein Wesen hinweist, schöpfe ich aus einer langen Zeit der Intimität und des Verbundenseins mit ihm, um einen Kontext für neue Dinge zu schaffen, die ich sehe, und ich bin immer begeistert, eine neue Ebene seiner Güte mitzuteilen, wenn ich sie zum ersten Mal sehe.

Im Geist zu sehen, ist nur dann sinnvoll und fruchtbar, wenn die Nähe zu Gott, das Streben nach seinem Antlitz im Mittelpunkt seiner Ziele steht. Wir sehen im Geist, damit wir sehen können, was er tut. Wir sehen im Geist, damit wir sehen können, was er bereit ist zu tun. Wir sehen im Geist, damit wir ihn sehen können.

Ich habe sein Gesicht seit diesem Sonntagmorgen in unserer Gemeinde inzwischen fünfzehn Mal gesehen. Ich sehe es, wann immer ich den Mut habe zu schauen. Ich vermute langsam, dass er gar nie weggeht.

Über den Autor

Blake K. Healy leitet die *Bethel Atlanta School of Supernatural Ministry (BASSM)* (Schule für den übernatürlichen Dienst der Bethel-Gemeinde in Atlanta). Außerdem ist er Mitglied des Ältestenteams dieser Gemeinde und steht in einem Reisedienst, um seine Erfahrungen mit dem Sehen im Geist weiterzugeben und andere darin zu lehren. Mit seiner Frau April und seinen vier Kindern (Haydon, Finnley, November und Ender) lebt er in Peachtree City, Geogia. Weitere Infos: *blakekhealy.com*.

BASSM bildet Erweckungsträger aus, die die Stimme Gottes hören, ihre himmlische Identität kennen und mit übernatürlicher Kraft und Autorität wirken. Wenn du im prophetischen Dienst wachsen, Zeichen und Wunder erleben, mehr über das Sehen im Geist lernen und deinem himmlischen Vater näher als je zuvorkommen möchtest, dann findest du unter *bethelatlantaschool.com* weitere Informationen und kannst dich für das kommende Schuljahr bewerben. Dein Leben wird nie wieder dasselbe sein!

Weitere Bücher von Blake Healy bei GloryWorld-Medien

Durch den Schleier sehen

Eine Einladung in die unsichtbare Welt; 176 S. Pb.

Blake K. Healy sieht Engel und Dämonen seit seiner Kindheit – und zwar so klar wie natürlich sichtbare Dinge. Er sieht zum Beispiel Engel in Anbetungsgottesdiensten tanzen und Ermutigungsworte in die Ohren von Menschen flüstern, doch genauso sieht er auch Dämonen, die sich an Leute heften und so Abhängigkeiten, Lügen und Bitterkeit in deren Herzen und Gedanken aufrechterhalten.

In diesem Buch erzählt er einige dieser Begegnungen und wie er in dieser Gabe reifte und dabei die Angst und Verwirrung über die Dinge, welche er sah, überwand. Und ebenso, und wie er lernte, die Gabe des Sehens zu Gottes Verherrlichung zu nutzen und andere darin zu lehren.

„Ich wollte nicht, dass dieses Buch jemals endet!" (Bill Johnson)

Die Sprache des Himmels verstehen

Erkenne und entfalte Gottes Wirken in jedem Bereich deines Lebens, 160 S. Pb.

Wie funktioniert die geistliche Welt? Diese Frage wird Blake Healy seit Jahren gestellt, seit andere erfahren haben, dass er Engel, Dämonen und andere geistliche Realitäten mit bloßen Augen sehen kann.

Mit inspirierenden Geschichten und auf Grundlage der Bibel zeigt er, wie wir lernen können, die Sprache des Himmels zu verstehen, und was der Unterschied ist zwischen dem, was weltlich ist, was heilig ist und was unser Platz als geistliche Wesen in dieser riesigen und wunderbaren Welt ist

Unzerstörbar

Führe deine geistlichen Kämpfe aus der Perspektive des Himmels; 192 S., Pb.

Welche Fallen und Taktiken wenden Dämonen an, und wie können wir diese meiden? Dieses Buch fasst zusammen, was Blake K. Healy in über dreißig Jahren über die Pläne des Feindes und ebenso die des Himmels gelernt hat.

Wir lernen, wie wir die Komplotte, Pläne und Lügen des Feindes aufdecken und abwehren können und gleichzeitig die Pläne des Himmel vorantreiben können. Sein Hauptanliegen ist dabei, dass wir den geistlichen Kampf nicht aus eigener Kraft, sondern aus der Perspektive des Himmels führen, und ein Leben aufbauen, das unzerstörbar ist.

Weitere Produkte von GloryWorld-Medien

„Himmlische Bücher für die Erde"

Dr. Henry Wright

Die geistlichen Ursachen von Krankheiten

Klare Antworten auf Ihre Fragen zu Krankheitsprävention und Heilung, 208 Seiten, Pb.

Gemäß den langjährigen Erfahrungen des Autors haben etwa 80 Prozent aller Krankheiten eine geistliche Ursache und sind die direkte Folge einer gestörten Beziehung zu Gott, zu uns selbst oder zu anderen. Gott offenbarte ihm aus seinem Wort, was die geistlichen Ursachen von Krankheiten und den Blockaden zur Heilung sind.

Er geht insbesondere auf folgende Krankheitsarten ein: Allergien, Autoimmunerkrankungen, psychische Störungen, Herz-Kreislauf-Erkrankungen und Belastungsstörungen (z. B. Stresskrankheiten).

Erica Willis, Kühn glauben

Wie einfaches, zuversichtliches Gebet das Übernatürliche freisetzt; 216 S.; Paperback

Lange Zeit dachte Erica Willis, die ganzen übernatürlichen Erfahrungen, wie Prophetie, Heilung, Wunder usw., seien nur etwas für „Superchristen".

Bis Gott ihr einen Weg zeigte, wie sie trotz ihres Eingespanntseins in Familie, Beruf und Gemeinde ihre Beziehung zu ihm so vertiefen konnte, dass diese Erfahrungen ganz natürlich zu einem Teil ihres Lebens wurden.

In diesem Buch erzählt sie auf kurzweilige Art ihre Geschichte und Erlebnisse. Entstanden ist eine praktische Anleitung für alle, die sich nach einer tieferen Beziehung zum Heiligen Geist sehnen.

Ella Legan, Mache dich auf!

… und begegne dem Vaterherzen Gottes; 320 S.; Pb.

Sehnst du dich danach, mehr von Gott zu erleben und seine heilende Gegenwart zu erfahren?

„Mache dich auf!" ist die Einladung zu einer Reise ins Vaterherz Gottes. Gott sieht dich und deine Situation und will dir genau dort begegnen. Lass dich von Ella Legan auf diese 40-tägige Reise mitnehmen, die dem Weg der Israeliten aus der Knechtschaft in Ägypten zum Berg Gottes nachempfunden ist. 40 Begegnungen mit Jesus und dem Gott der Herrlichkeit warten auf dich.

Am Ende wirst du bereit sein, in dein eigenes Land der Verheißung weiterzuziehen. Mache dich auf!

Phil Mason, Quanten-Herrlichkeit

Die Wissenschaft von der Inbesitznahme der Erde durch den Himmel; 520 Seiten, Paperback

Quanten-Herrlichkeit erläutert auf eine äußerst spannende Weise die Zusammenhänge zwischen den faszinierenden Erkenntnissen der Quantenmechanik und der Herrlichkeit Gottes, die sich u. a. in Heilungswundern äußert.

Der erste Teil untersucht die subatomare Welt und enthüllt ihren außergewöhnlich komplexen göttlichen Plan, der die Genialität unseres Schöpfers offenbart.

Im zweiten Teil erklärt der Autor ausführlich, wie die Herrlichkeit Gottes in unser physisches Universum eindringt, um Wunder göttlicher Heilung zu bewirken.

Das Buch ist vollgepackt mit verblüffenden Erkenntnissen, aber mehr als das, ist es dazu bestimmt, uns für den übernatürlichen Dienst auszurüsten, damit wir die Herrlichkeit Gottes auf der Erde freisetzen, wie sie im Himmel ist!

Tommy Welchel und Michelle P. Griffith

Wahre Geschichten und Wunder der Azusa Street

Eine der größten Erweckungen der Geschichte, die heute wieder aktuell ist; *200 S., Pb.*

Tommy Welchel besuchte in den 1960er-Jahren die Leute, die als Jugendliche wesentlich an einer der größten geistlichen Erweckungen beteiligt waren – der Azusa-Street-Erweckung. Sie erzählten ihm aus erster Hand, welche außergewöhnlichen Wunder und Heilungen sie damals erlebten, wenn sie für Menschen beteten.

Erst vor Kurzem gab Gott dem Autor die Erlaubnis, diese Geschichten in Buchform zu veröffentlichen. Inzwischen werden sie auf der ganzen Welt erzählt und die Folgen sind immer noch erstaunlich: Wunderbare Heilungen, übernatürliche Phänomene und Lösungen für das Unmögliche.

Jonathan Welton, Die Schule der Seher

Eine praktische Anleitung, wie man ins Unsichtbare hineinsehen kann; 224 S.; Pb.; Vorwort von Randy Clark

Viele Christen haben angefangen, übernatürliche Phänomene zu erleben: Träume, (offene) Visionen, Engel oder Dämonen. Aber es mangelt ihnen an solider biblischer Lehre und sie sind zu dem geworden, was man als *Seherwaisen* bezeichnet: Sie suchen verzweifelt nach jemandem, der sie trainiert, ermutigt und freisetzt.

Das Ziel von Jonathan Welton war deshalb, ein praktisches Handbuch herauszubringen, das den Leib Christi mit den Informationen ausrüstet, die notwendig sind, um in der Dimension des Prophetischen bzw. des Sehers zu wachsen und im Leben im Übernatürlichen Reife zu erlangen.

Luc Niebergall, Eine zeitlose Reise

Wie ich den Himmel erkunden und meine Identität empfangen durfte; 144 S., Paperback

Ab dem Alter von 16 Jahren wurde Luc Niebergall eine unglaubliche „Reise" in die Herrlichkeit der Person Jesu zuteil. Nach acht Jahren Visionen, Träumen und himmlischen Begegnungen schrieb er einiges davon auf.

Dieses Buch ist ein Aufruf an die Söhne und Töchter Gottes, ihr volles Erbe zu empfangen, das darin besteht, in einer ewigen, intimen Beziehung zu Gott selbst zu leben. Begegnen wir der intimen Liebe Gottes, des Vaters, fällt die falsche Identität der Waisenschaft von uns ab. Wir werden zu siegreichen Söhnen und Töchtern, welche den Nationen Heilung und Wiederherstellung bringen.

Cornelia Weinmann, Jesus ruft seine Braut

Gottes Herzschlag für Deutschland entdecken

344 S., Paperback.

Wofür schlägt Gottes Herz, was ist die Berufung der Braut Christi in Deutschland und was könnte uns hindern, diese Berufung anzunehmen?

Dieses Buch entfaltet die atemberaubende Liebesgeschichte zwischen Gott und uns Menschen, wie sie im Hohelied angedeutet wird. Wir sind eingeladen, Jesu Braut zu sein! Insbesondere werden wir dabei auch den Herzschlag Gottes für Deutschland entdecken.

Sind wir von den Traumata der Vergangenheit befreit, können wir im Takt seiner Liebe in neugewonnener Leichtigkeit in eine neue Zukunft gehen. Der Ruf geht nämlich schon durch die Welt: „Seht, der Bräutigam kommt! Geht hinaus, ihm entgegen!" (Mt. 25,6).

Luc Niebergall

Einen prophetischen Lebensstil entwickeln

Werde zum Sprachrohr Gottes für die Welt!

120 S., Paperback

Als Söhne und Töchter Gottes haben wir die übernatürliche Fähigkeit erhalten, seine Stimme zu hören. Zu verstehen, wie er zu uns spricht, ist ein wesentlicher Faktor, um den Herrn als Freund zu kennen.

Der prophetische Dienst ist nicht wenigen Auserwählten vorbehalten, sondern für alle da. Gott erweitert unsere Fähigkeit zu verstehen, wie er mit uns spricht: durch sein (leises) Reden, durch Visionen, Träume und viele andere Wege. Gott weckt unsere geistlichen Ohren, sodass wir sein Sprachrohr für diejenigen sein können, denen er eine Begegnung mit seiner Liebe schenken möchte.

James Goll

Geistlich wahrnehmen und unterscheiden

Wie wir Offenbarungen empfangen, prüfen und anwenden können; 216 S.

James Goll erklärt, dass jeder Nachfolger Jesu geistliche Offenbarungen empfangen und prüfen kann, auch wenn einige als Propheten besonders begabt sind. Er legt präzise dar, wie wir unsere Sinne dem Heiligen Geist hingeben können, damit wir geistlich wahrnehmen können.

Und er erläutert, wie wir Offenbarungen prüfen, anwenden und letztlich verinnerlichen können, damit die Menschen sie nicht nur hören, sondern in uns sehen.

Für das vertiefte Studium ist ein Arbeitsbuch erhältlich.

Phil Mason, Die Ergründung des Herzens

Eine Einführung in die Herzensrevolution; 240 S., Pb.

Band 1 der Reihe „Übernatürliche Transformation"

Willkommen zur Herzensrevolution! Phil Mason bringt uns mit diesem Buch wieder mit dem Herzen Gottes – und somit auch unserem eigenen Herzen – in Verbindung. Begegnen wir der verschwenderischen Liebe des Vaters, erweckt sie in unserem Herzen eine neue Begeisterung und Leidenschaft.

Jesu Modell der Herzensverwandlung stützt sich nicht auf irdische Weisheit und Methoden. Er möchte, dass wir durch eine Begegnung mit der Herrlichkeit und Macht Gottes verwandelt werden.

James Goll, Die Gaben des Heiligen Geistes freisetzen; 216 S., Paperback

Der Heilige Geist demonstriert Gottes übernatürliche Kraft durch seine Gemeinde heute, indem seine Herrlichkeit auf globaler Ebene freigesetzt wird. Alle Gaben Gottes sind immer noch voll funktionsfähig, und jeder einzelne Gläubige ist dazu bestimmt, im Fluss Gottes zu leben und seine Bestimmung zu erfüllen.

James Goll zeigt auf, wie der Heilige Geist durch die neun bekanntesten Geistesgaben wirkt und wie wir sie unter Gottes Leitung für die Erfüllung des Missionsbefehls einsetzen können.

Anhand vieler anschaulicher Beispiele aus der Bibel und aus der Gegenwart lernen wir, wie geistliche Gaben in der Praxis funktionieren. Aber es geht in diesem Buch nicht nur darum, wie man seine geistlichen Gaben entdeckt oder empfängt, sondern wie man sie freisetzt und weitergibt!

Barry & Lori Byrne, Liebe in der Ehe

Eine tiefere geistliche, emotionale und körperliche Einheit erleben; Vorwort von Bill Johnson; 334 S., Klappenbroschur

Gott möchte, dass die Ehe ein Ort echter Liebe und Vertrautheit ist. Dafür brauchen wir die Hilfe des Heiligen Geistes. Mit ihm können wir die Ursachen unserer Konflikte erkennen und überwinden. Unsere Ehe kann Heilung und Wiederherstellung erfahren, egal, wie der momentane Zustand ist.

Mit klarer biblischer Lehre und vielen praktischen Hilfen packen die Autoren die wichtigsten heißen Eisen an. Viele ermutigende Erfahrungsberichte verdeutlichen die dramatische Heilung und Intimität, die mit Gottes Hilfe möglich ist.

Dr. Larry Richards

Die volle Waffenrüstung Gottes

Gut geschützt gegen die Angriffe des Bösen; 208 Seiten, Pb.

Die Bibel macht deutlich, dass ein Großteil unserer Unsicherheiten, Ängste und Zweifel auf den Machenschaften böser Mächte beruhen. Deshalb ist es so entscheidend, dass wir sowohl die Strategien kennen, die Satan benutzt, um uns anzugreifen, als auch die Rüstung, die Gott uns zur Verfügung stellt, um uns dagegen zu schützen.

Eine biblische Dämonologie, Hilfen zum Umgang mit dem Bösen in der Seelsorge sowie Lektionen für „Lebe-frei-Selbsthilfegruppen" runden das Buch ab.

Dr. Charity Virkler-Kayembe / Dr. Mark Virkler

Höre Gott durch deine Träume

Gottes Reden in der Nacht verstehen; 288 S., Pb.

In der Bibel finden wir sehr viele Beispiele für Gottes Reden durch Träume. Auch heute möchte er uns durch Träume wichtige Botschaften zukommen lassen. Doch beachten wir sie oft wenig oder wissen nicht, wie sie zu deuten sind.

Diesem Missstand möchte dieses Buches abhelfen. Die Autoren haben sehr viele Erfahrungen im Umgang mit Gottes Reden gesammelt. Das Buch ist ein praktischer, leicht verständlicher und biblischer Leitfaden, um die Sprache zu verstehen, die Gott in unseren Träumen benutzt.

Bestellen Sie im Buchhandel oder (versandkostenfrei in D) direkt beim Verlag:

GloryWorld-Medien | Beit-Sahour-Str. 4 | D-46509 Xanten
Fon: 02801-9854003 | Fax: 02801-9854004 | info@gloryworld.de

Aktuelles, Leseproben, Downloads & Shop: **www.gloryworld.de**